古籍基础知识及修复保护技术

郑亚红 冯 磊 梁若雪 万彤彤 著

河北大学出版社 · 保定

古籍基础知识及修复保护技术

GUJI JICHU ZHISHI JI XIUFU BAOHU JISHU

出 版 人：刘相美
责任编辑：李丽华
装帧设计：杨艳霞
责任校对：牟 霖
责任印制：常 凯

图书在版编目（CIP）数据

古籍基础知识及修复保护技术 / 郑亚红等著 . 保定 ：河北大学出版社，2024. 4.（2025.7 重印） -- ISBN 978-7-5666-2291-4

Ⅰ . G253.6

中国国家版本馆 CIP 数据核字第 2024QH8692 号

出版发行：河北大学出版社
地址：河北省保定市七一东路 2666 号 邮编：071000
电话：0312-5073019 0312-5073029
邮箱：hbdxcbs818@163.com 网址：www.hbdxcbs.com
印 刷：涿州市般润文化传播有限公司
幅面尺寸：170 mm × 240 mm
印 张：15.25
字 数：210 千字
版 次：2024 年 4 月第 1 版
印 次：2025 年 7 月第 2 次印刷
书 号：ISBN 978-7-5666-2291-4
定 价：40.00 元

前　言

古籍修复与保护技术是保定学院文物与博物馆学本科专业开设的一门模块课。本课程针对文博学专业学生的具体特点，特别是针对文献修复有浓厚兴趣的学生的迫切需要，通过对古籍源流和类型及古籍装帧形式和古籍修复基本程序、古籍保护知识的讲授和实践教学，使学生在整个古籍发展脉络和古籍修复保护的各个程序中，注重挖掘自己的兴趣点和研究方向，能提出自己的观点和看法，具有较为广博的古籍修复与保护知识结构和动手操作能力。但是，课程自 2014 年开设以来，始终没有合适的教材，为了达到更好的教学效果，结合 10 年的教学经验并采众家之长，编写了此书。

本书共分七部分，郑亚红负责第一章至第五章，编写内容约 16 万字，冯磊、梁若雪、万彤彤负责第六章至第七章，编写内容约 4 万字。首先，我们介绍了古籍基础知识及修复原则；其次，图文并茂地展示了古籍修复所需要的设备、工具及材料，其中包括材料的前期修整方式；最后，重点介绍古籍装帧技法、古籍修复技法及保护方式，包含函套的制作。

古籍，是中华民族悠久历史和丰富文化的见证，承载着先人的智慧，传承着中华民族的优秀传统文化。纸寿千年，希望使用本教材的同学在研习古籍修复保护技术的同时，对有缘遇到的纸质文物能够运用所学知识予以善待，让这些珍贵的文化遗产得以流传后世，为中华民族的文化繁荣做出更大贡献。

目　　录

第一章　古籍基础知识

第一节　何为古籍

古籍的概念有广义和狭义两种。广义的古籍包括甲骨文拓本、青铜器铭文、简牍帛书、敦煌吐鲁番文书、唐宋以来雕版印刷品，即 1911 年以前产生的反映和研究中国传统文化的文献资料和典籍。狭义的古籍专指唐代自有雕版印刷术以来的 1911 年以前的印本和写本。

关于古籍的概念，民间一般认为凡线装书都是古籍，凡用文言文写作的书都是古籍，凡是古代人写的书都是古籍。但是，这些说法都不太准确，因为线装书仅是片面地以丛书的装帧形式来划分的，线装是古籍装帧的一种重要形式，除线装外，古籍还有卷轴装、经折装、蝴蝶装、包背装等。另外，线装书也并非全是古籍，如民国时期的一些学术著作和影印碑帖画册作品也是线装书，但均不在古籍之列。至于用文言文写作的书都是古籍的说法就更不确切了。因为用文言文写作的书不一定就是古人的作品，近现代人也有用文言文写作的。凡是古代人写的书都是古籍的说法也不对，古人的著作在近现代用新的印刷方式重印，显然也不能算古籍。

以成书年代为标准划分古籍是比较科学的方式，但古籍学术界对成书年代的上限和下限有不同的见解。上限有 4 种说法，下限有 3 种说法。

上限的 4 种说法，即甲骨金文说、简牍帛书说、敦煌文书说和雕版印刷说。甲骨文、金文是我国最早的成熟文字，其拓本在档案馆、图书馆都有收藏，孟宪钧、陈品高两位先生认为这应该属于档案的范畴，不属于狭义古籍。目前学术界大多把甲骨文、金文研究归于考古学研究范畴，更细致的划分则归于古代铭刻学或古文字学及商周史研究范畴。竹木简和帛书是在 19 世纪末 20 世纪初先后出土的，如 1908 年敦煌的汉晋木简、1930 年居延的汉代木简、1952 年长沙五里牌出土的战国楚墓竹简、1957 年信阳长台关出土的战国楚墓竹简、1959 年甘肃武威汉墓出土的竹木简、1970 年长沙马王堆出土的《老子》《黄帝内经》《纵横家书》等。这些竹简、帛书是古籍的一种异本，已形成专门的“简牍学”，也属于考古学研究的范畴。敦煌遗书绝大部分是唐五代的佛经和其他宗教经典，也有许多儒家经典的残卷。敦煌文献与传世的刻本相比较，在文字上有异同，可作校刊之资。从广义上讲，它也是古籍的一个异本。雕版印刷术的出现是狭义古籍的上限，关于雕版印刷术的起源，学术界有东汉说、隋代说、唐初说、唐代中期说 4 种说法，目前没有统一的学术认识。《旧唐书》记载唐文宗（827～840 年）下令禁止民间刻印历书，这足以说明在唐中早期我国已经诞生了成熟的雕版印刷技术。唐中后期至五代，印刷术得到广泛普及和长足进步。1974 年，陕西西安郊区出土的梵文《陀罗尼经》，专家认定为唐初印品，这是目前已知最早的印刷实物。古籍版本学主要就是研究这种刻本书的，雕版印刷的刻本书的出现才算古籍的上限。因此，甲骨金文说、简牍帛书说、敦煌文书说都属于考古学的研究范畴，雕版印刷说是狭义的古籍上限范畴。

古籍下限有 3 种时间说法：1840 年、1911 年、1919 年。按传统说法，中国古代史的下限是鸦片战争，也就是 1840 年，这一年是中国近代史的开端。这样的历史分期是可以的，但用它划分古籍和今籍，显然不合适。虽然 1840 年后中国的社会性质发生了变化，进入半殖民地半封建社会，但学术文化并没有迅速地跟着变化。我们可以看一看道光、同治、光绪等时期的著作，无论是思想内容、文字体例还是印刷方式，绝大多数都是一仍旧例，与道光以前相比，并没有明显的古今之分。把下限划在1919年的说法也欠妥，因为这一年中国爆发了著名的五四运动，由此进入现代史——一个新的历史时期，已经不是古代了。把古籍的下限划在1911年清王朝的灭亡是比较合适的，目前国内外重要的古籍善本书目，如《中国古籍善本书目》《北京图书馆古籍善本书目》《上海图书馆善本书目》等将下限均划在1911年。2007年6月，国家文物局发布新修订的《文物出境审核标准》，规定“1911年以前（含1911年）制作、生产的文物一律禁止出境”。因此，把古籍的下限定在1911年，与1840年、1919年相比，是比较合适的。但是，实际上，在国内外图书馆古籍部的收藏中，超出这一严格界定的文献多有存在，个别民国时期用旧形式撰写、刻印的书仍算古籍。

因此，狭义的古籍是指我国古代自有雕版印刷以来，民国以前产生的、古人用汉语文字写作的刻本、活字本、稿本、抄本、批校本的总称。这里有两个时间概念：一是制作时间，指雕版印刷产生以来，即唐代以来，直至清末。二是写作时间，指从春秋战国开始，直至清末古人写作的著作。两个时间的下限是相同的，都是清末。

第二节　古籍术语

古籍是中华文化的瑰宝，记录了古人的思想、文化、历史、科技等方面的成果。而古籍中的术语则是这些成果的载体，是文化传承的桥梁。只有掌握了这些术语，我们才能更好地传承古籍文化。现将古籍有关的常用名词和书页各部分名称扼要介绍如下：

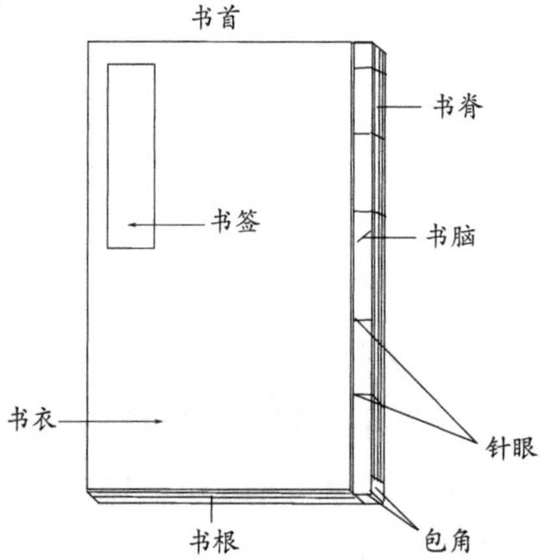

图 1-1　古籍外形结构图

一、书品

书品有广义和狭义两种解释。广义的包括刻本书籍的初印、后印；抄本书的新旧；刻本或抄本的纸张、墨色、字体和插图的优劣；行格、款式的疏密工致；有无序跋、封面、牌记；藏书印鉴及批校题跋的真伪、装订形式的工拙等。狭义的仅指书籍边栏外面四周余纸的大小和书籍的破旧程度。例如，“书品好”也可以叫作“书品宽大”。“书品太坏”，是指书籍的破旧程度较严重。

二、书皮

书皮是书籍的最外层，是保护书用的，或者称书衣，也叫书面。我国古书的装订对书皮材料的选用有良好传统。清代孙庆增在《藏书纪要》中做了扼要的总结：“书面有用宋笺者，亦有用墨笺洒金书面者。至明人收藏书籍，讲究装订者少，总用棉料古色纸，书面裱纸用川连者多。钱遵王述古堂装订书面用自造五色笺纸或用洋笺书面，虽装订华美，却未尽善。不若毛斧季汲古阁装订书面用宋笺、藏经纸、宣德纸染雅色，自制古色纸更佳。至于松江黄绿笺纸书面，再加常锦套，金笺贴签最俗。”这是对装订古籍很有见解的评论。

三、副页

在书皮的里面，另衬二张空白纸，称副页。副页一般都是前三、后二页或前后各二页。它的作用主要是保护书页，使之不受损伤，因此也叫护页；其次是可在上面写跋语、题识。

四、封面

中国古书的封面与现在流行的平装书或精装书上的封面不同。古书的封面位于副页的后边，上面印有书名、撰书人姓名和刊版地点等。其作用原为保护书页，但因我国古书的封面多注重题写书名的书法，尤其重视字的人名，因此常以极薄细纸罩在上面，使封面上的字迹隐约可见，似保护封面，却逐渐失掉装配封面的本意了。

五、封内

封内，亦称“封二”，即封面的内面，常刻有“牌记”。

六、牌记

牌记，又称“牌”“书牌”“木记”“墨围”等，是指在封内上刻印的刊行年月、地点和刊行人姓名、堂号等，相当于今之书的“版权页”。它是我国古代刻书中带有题识文字的围框，其印刷位置在书的卷末、序文目录或封面的背页处。牌记的形状非常丰富，有长方形、正方形、圆形、钟形、鼎形、爵形、“亚”字形、椭圆形、碑形等。牌记一般以长方形居多；字数多少没有统一规定，少则几个，多则上百；各种字体都有，以楷书为多；四边大多有边框或图案，也有少量四周没有框的。牌记在不同的书中的数量也不一样，有的一部书只有一个，也有一部书多个的。牌记的作用有两个：一是申明版权。为了保证书的质量，防止别人翻刻，刻书者在书籍上印有牌记。二是广告宣传作用。其目的是更多地销售，达到盈利。

各个朝代的牌记呈现不同的特征。宋代印本中牌记的位置不固定，可以随意放在序后、目录后、各卷之后。元代刻本的牌记一般放在目录的后面。清代的牌记相对比较规范，多在书名页上。牌记上刻的时间、地点、刻书者等信息为鉴定古籍版本提供了明了、切实的依据。

七、书脑

装订时，锥眼订线的地方叫书脑。

八、书脊

书脊，也称书背，书籍装订处的侧面，如同书的脊背。

九、书口

书口与书脊相对，位于书籍左侧，是可翻页的开口。

十、书首

书脊的最上端称书首，又称书头。

十一、书脚

书脚，又称书根，是书的底部，有些藏书家为方便翻检、阅读或保存而将书名写在上面。

十二、书套

书套是从帙发展改进而来的，其功用与帙完全相同。其制作材料是以硬纸板为胎，内敷以纸，外敷以布，用来装置书籍。因其是折叠四边围绕

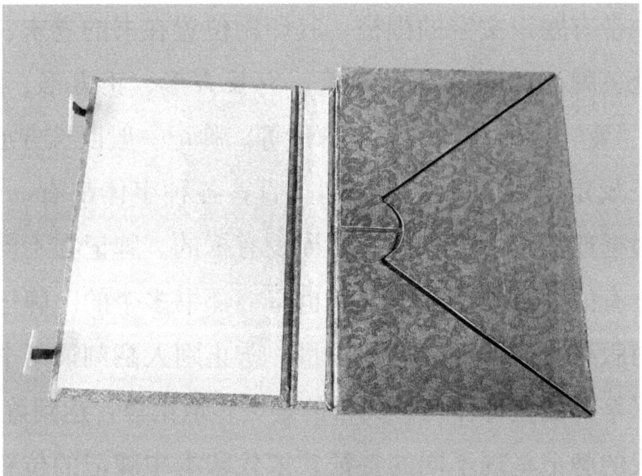

图 1-2 月牙套

书的四面，所以称“书套”。制作精致的书套能够将书的四围和上下两端完全包严，所以也称“六合套”。在开函的地方挖作月牙形的称“月牙套”，挖成云形、环形的称“云头套”。

十三、纸匣

纸匣即书套的变形，以硬纸做衬、白纸做里、蓝纸或蓝布做面。按照书籍的大小厚薄，糊成可以一面开启的书匣，再贴以书签在匣背上标明书名、类号。这种书匣为现今图书馆中收藏线装书直立排架时所采用。

十四、木匣

宋、元旧刻及精抄、精校珍本书籍多用木匣盛装。制匣原料以楠木、樟木为宜，也有使用楸木、花梨等硬木制作的。木匣做法是先量书籍大小厚薄，依照尺寸锯板做匣，不用铁钉，只用鳔胶粘牢。匣之一端可以开启关闭，放置书籍时，在书的上下各垫一块樟木板，既可预防虫蛀，又可保护书页，使之平整。

十五、夹板

夹板是木匣的简化形式，也称“板装”。其制法是取用与书籍大小相同的两块平滑木板，板的上下左右各凿一个扁孔，用线带穿连，将书置于两板之间，抽紧线带，在夹板的左边系扣，以防散开。夹板制作使用的木料以梓木、楠木、樟木为上选，因其质地坚固，不变形，亦不会被虫蛀蚀。

十六、函

书套、纸匣、木匣等统称“函”，也叫函套。

十七、书签

书签是用来题写书名的长方形纸条，一般贴在古籍封皮左上角，有时还有册次和题写人姓名。

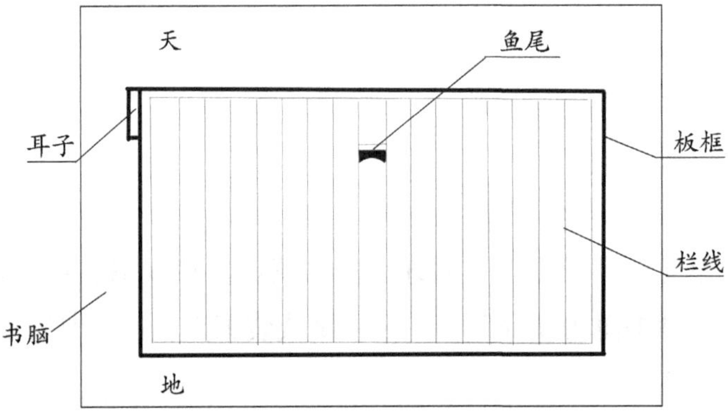

图 1-3　古籍板框图

十八、版面

版面原指包含边栏、界行、版心、鱼尾等元素在内，按一定行款字数雕刻或排拣活字形成的平面；后来随着印刷术的发展，因每一版印纸能够全面地反映版面的形态，故也指每版印纸。

十九、版框

版框，也叫边栏，指每版内围框文字的四周边线。边线一般有 3 种：四周仅印一道粗而黑的边线，称四周单边；若在四周粗黑边线内侧再刻印一道细黑线，称四周双边；若只在左右竖边线内侧再印一道细黑线，而上下横向粗黑线内侧则不刻印细黑线，称左右双边。边栏的作用在于规范版面，但对于雕版印刷来说，是否刻印边栏，都能做到版面整齐、行字周正。之所以长期保留边栏，原因就要追溯到卷轴装式乃至简策、帛书。帛书的边栏织画是对简策编绳的模仿，而卷轴装的版印纸书横向的两道边栏则是对帛书的模仿。因此，版印书籍的边栏界行没有因书籍装帧方式的改变而发生巨大变化，反映了版印书籍对卷轴、简策、帛书等装帧形式的模仿和传承。

二十、花栏

花栏，指在每版四周的边栏上刻印两道有一定距离的栏线，两线中间镌饰金刚杵、莲花纹、光草纹、竹节纹、云龙纹、博古纹等图案。花栏有墨印、蓝印之分。带有纹饰的边栏也被称作花栏口。

二十一、书耳

书耳，指位于版框或边栏外边左上角的一个1厘米宽、三四厘米长的空格，其形象如书长了耳朵，故称书耳。书耳处刻印简化的篇章题名，又称耳题、耳记。

二十二、书牌

书牌，也称牌记，一般刻有书名、作者或评者、订者、刊刻年份、镌版、藏版人、地址等，其功能相当于现代书籍的版权页。明清两代的坊肆刻书中常见此种书牌，而且多用彩色纸印制，以作区别。明清以前私刻和官刻中也存在与牌记性质相似的牌子，而且其形状多种多样，比较常见的是刻书题记，其内容多为刻书缘起、所用底本、校本，甚至有些是带有推销性质的广告。

二十三、墨等

墨等，指雕版印书的版面上与文字大小相似的黑墨块。这是由于雕版时文稿的某些字尚待考证、校勘，需待确认之后再进行雕刻印刷。有的墨块形状好似钉帽，所以也称墨钉。印纸版面上出现墨等一般被认为是工作不精细的表现。宋版书中墨等现象不少，有的并非因印刷粗糙所致，而是为严肃起见将不确定的文字镌为墨等以待后来者校勘。清朝初期大兴文字狱，利用旧有雕版印书常要回避时讳，这样就需要在回避文字上覆盖厚纸，涂墨时盖纸着墨，刷印出来也有墨等效果，但其意义与墨等已完全不同。

二十四、界行

界行，又称界格，版面上每行字之间都有分隔线，而两道隔线之间形成的条状方格就称界格。虽然没有界行，雕版印刷也能做到整齐，但现存中国古籍绝大多数都有界格，因为与边栏类似，版印书籍界格版式的形成是对简策书籍、条竹木简的模仿。

二十五、行款

行款，又称行格，指正文之行数和字数，通常以半页计算。同一种书，不同时期有不同刻本，行款也往往不同，故行款为鉴别版本的依据之一。在鉴定和著录时，人们习惯以半页计算，叫作“半页×行×字”，有的称“×行×字”；若每一行中有大小两排字（通常小字为大字的注解），叫作“小字双行每行×字”；若双行字数与单行正文相同，就不再注出。中文古籍多为汉字直排，其字序自上至下，行序自右至左，因此行款疏密直接影响版面效果和版式格调。古人在刻板印书或活字排版时，对行款精心测算，力争做到既降低成本又讲究版式，达到既美观又经济的目的。

二十六、版心

版心有两种说法，一种是指每个版面上下两个半版中间的条状空白行。这个空白行的形成是伴随着雕版印刷术的发展而演变来的。唐代的雕版印刷由于受卷轴装影响，尚未形成版心。至唐末五代，为了便于翻检和随身携带，书籍的装订形式由卷轴装向册页式转化，因此雕版就开始出现上下两个半版。最早隔离两个半版的标记是一道粗黑线，而不是版心。到了北宋时期，两个半版之间出现了两道线，其间形成了很窄的条状空白。空白的上下四分之一处各有一道横线，两道横线之间印有卷次或页码。有的书籍为折页取中缝之便在空白条的中间再印一道竖线。这个条状空白逐渐规范，宽度约为一行文字，中间镌刻本版大小、字数、象鼻、鱼尾和简化了的书名、卷次、页码及刻工姓名等。由于其居于上下两版的中心，所以称版心。版心的另一层说法是指每版四周边栏以内的文字部分。

二十七、书口

书口，又称版口，即版心。对于未装订的书版而言，它是版心；而书版印纸在折叠装订成册之后，版心便成了书籍可以翻阅的开口，因此称书口。书口分黑口、白口、花口。

黑口指着过墨迹的书口。黑口又细分为粗黑口（或大黑口）和细黑口（或小黑口）。粗黑口是由于版心未进行雕刻，与版内刻字、边栏、界行仍处在同一个水平面上，涂色时着墨，刷出来的印纸便呈粗黑色，这样折叠印纸成为书册之后就是粗黑口。如果对版心的鱼尾之上、鱼尾之下大部分地方都进行剜刻，只留下中间一道细线不剜，则印刷折叠装册之后，其书口呈细黑色，所以称细黑口。

白口指未着墨迹的书口。由于版心与刻字、边栏、界行处于同一水平面，故若不加雕剜，刷墨之后会印成黑色条格。只有剜刻下去，涂色不着墨，在折页装订成册之后，书口才呈白色，所以称白口。

花口，除象鼻、鱼尾等装饰外，还常在上鱼尾上方刻印本版大小和字数，下鱼尾下方则印刷刻工姓名，上下鱼尾之间则刻印简化的书名、卷第、页码等。因此，这样折页装册之后，书口所刻内容花样繁多，故称花口。

二十八、鱼尾

鱼尾，呈“⌒”形，多在书口中出现，有单鱼尾、双鱼尾、顺鱼尾、对鱼尾之分。鱼尾的主要作用是以尾叉标示中缝线，以便折页时取作标准，相当于中缝线的功能。古人把中缝线设计成鱼尾形象，既实用，又美观。但在一些宋辽金元的书刻中，鱼尾也用于标识文内标题、曲牌等。

二十九、象鼻

关于象鼻的指称存在两种说法。一般来说，象鼻是指白口书在鱼尾上方那条未着墨的空白版心与墨色的鱼尾相连的部分，因从整体看起来像下垂的象鼻，所以称象鼻。另一种说法是指在鱼尾上方至上栏线这一段书口的中缝左右各雕一道墨线，这两道墨线下方与上鱼尾相连，似垂下的象鼻，故有象鼻之称。

三十、圈发

圈发，指标识文字声调读法的符号。这种符号不是版面镌刻固有的，而是后人读书时为了标识声调而加印上去的。加印时，以剪齐的细竹筒蘸朱墨钤印于书上。钤印位置是从每个字的左上角标起，依次为右上、右下、左下角，分别表示平、上、去、入。

三十一、句读

句读，是指为方便阅读书籍，在需要停顿的地方所标识的圆点或圆圈符号，最早出现在宋版书中。

三十二、大题和小题

大题，是指一书首卷首行（卷端）的书名或题名。

小题，与大题相对，指一书首卷首行的篇章题名。简策书籍时代，为了查找便利，人们常常将篇章名写在简的上端，而把书名附于简的下端。到了雕版书时代，简策“小题在上，大题在下”的格局被北宋刻书继承下来，成为后世鉴别宋版书籍的依据之一。

三十三、插图

中国古籍一向有书有图，插图形式随书籍装订形式的变化而演变。卷轴装古籍多为卷首扉插，册页装订盛行之后则出现了上图下文、下图上文、左图右文、右图左文、前图后文、后图前文等多种形式。这样，文借图解，图借文生，图文并茂，相得益彰。

第三节　雕版印刷前的古籍装帧形制

我国古籍雕版印本前的版本均采用书写或镌刻的方式。因所用材料不同，出现了书的不同版本形式，主要有龟册、简策、帛书、石版书和写本书。

一、龟册

龟册书是我国最古的书，也称甲骨书，是刻有甲骨文的书。甲骨文是“甲文”和“骨文”的合称。甲是龟甲，契刻在龟腹甲上的文字称“甲文”；骨是兽骨（主要是牛肩胛骨和鹿头骨），契刻在兽骨上的文字称“骨文”。甲骨文又称“卜辞”“甲骨刻辞”“龟甲文字”，是商朝（约前 16 世纪至约前 11 世纪）后期的一种文字记录。因发现于商后期盘庚迁都至殷（今河南

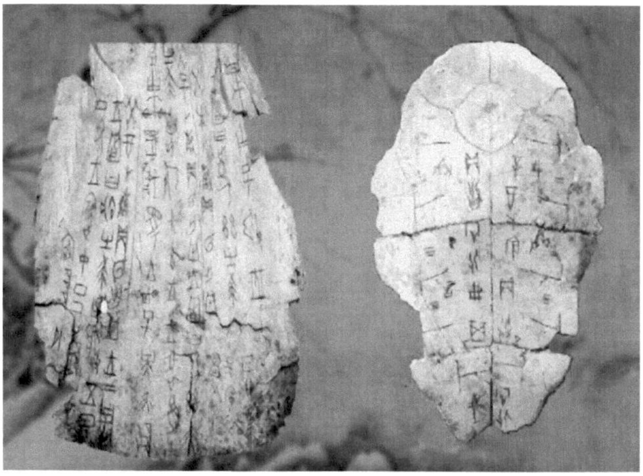

图 1-4　龟册

省安阳小屯村）的废墟遗址，故又称“殷墟甲骨”“殷墟卜辞”“殷墟书契”等。

殷商时期，人们尊尚鬼神，遇事占卜。他们把卜辞刻在龟甲和兽骨的平坦面上，涂上红色标示吉利，黑色标示凶险。这些文字都是用刀刻上去的，大字约一寸见方，小字如谷粒，或繁或简，非常精致。由刻字的龟甲、兽骨连缀而成的“龟册”体现了我国最早的图书装订形式。《尚书·多士》云“惟殷先人，有典有册”，说明当时甲骨文是被装订成册的。清末时期，董作宾在整理安阳出土的甲骨时，曾发现有两块龟板粘连在一起，揭开一看，发现有“册六”二字，更加佐证了龟册的存在。此外，甲骨文中“典、册”这两个象形文字反映了甲骨书的装帧形态。甲骨“册”字，像绳子贯穿若干龟甲或竹木片为一册之形。甲骨“册”文和篆书的“典”字，像双手捧册之形，有典藏、保管之义。

1899 年，清代国子监祭酒、金石学家王懿荣最早发现了作为中药出售的刻有文字的甲骨，引起学者的重视。1928～1937 年，又出土了 25000 片甲骨。其间，中国近代 4 位研究甲骨文的著名学者为罗振玉（号雪堂）、王国维（号观堂）、郭沫若（字鼎堂）、董作宾（字彦堂），史称“甲骨四堂”。

殷墟出土的甲骨，有贯穿的，有套札的，有叠放的，其中有3片、4片、5片的，长短不齐，与“典”“册”形合。这种样式成为后世竹木书编联之滥觞。此外，还有“尔册”“祝册”“工典”等文。据此推想，殷代可能已经有长文典册，可为我国最早的原始书籍。

二、简策

图1-5 简策

西周时期，人们把文字记录在竹木简或木板上，称“简策”或“简牍”，用皮绳或丝绳（“韦编”或“丝编”）缀连成书，即我国最早的正式书籍。《礼记·王制》曰“大史典礼，执简记”，表明简策起始于西周，盛于春秋至东汉末年。纸被发明之前，简牍是我国书籍的最主要形式，对后期书籍制度的产生和发展具有非常深远的影响。直至今天，古籍图书的一些名词、术语，以及书写格式和制作方法，一直承袭了简牍时期形成的传统。

写了文字的竹木片，称“简”。把多根简用绳编连起来，称“册”。编简成册的绳子，称“编”；用各色丝绳的叫“丝编”，用皮条绳的叫“韦编”。古代简册的用法规定：三尺简书写皇帝诏书、律令，所以古人把法律称为“三尺法”；二尺四寸简多用来抄写儒家经典或法律文书；一尺简多用来写信或作医简，所以后人把书信称为尺牍；八、六、五寸简多用来一般记事。① 人们在竹简、木简上写字的时候，常用小刀削改写错的地方，所以后世把修改文章称为“册削”。每简所写字数多少不同，一般每根简尺只写一行，少则一两字，多则几字、十几字，最多40字，一般20多字；比较宽的简上可写两行或多行。

三、帛书

写在缣帛上的书籍称帛书，也称“素书”“缣书”，与简策同时盛行。帛是质地轻软的丝织品，携带起来比体积庞大、笨重的竹简方便得多。帛书约流行于春秋到魏晋时期，延至唐代。《墨子·尚贤》云“古者圣王，书之竹帛，传以遗后世子孙”，说明帛书至迟在春秋时期已经与竹木简并用。至秦汉时期，缣帛书较为通行。《汉书·东方朔传》：“著于竹帛。”王充《论衡·短书俗记》：“竹帛胤文，非儒者所见。”帛书价格昂贵，一般人在纸发明以后就不再使用帛书了，但在贵族中仍然使用。魏晋期间，简、帛依然并行。简册笨重，但廉价易得，制作也很方便，一直是普遍通用的书写材料；缣帛价格昂贵，生产不易，故凡意义重大的事情多写于帛，以示郑重、珍贵。帛书受简策影响，与简书的形式制度基本相同，上面织有或画有红色或黑色的界行，称“朱丝栏”“乌丝栏”。由于帛书容易腐烂，遗存不多，现今见到的古代帛书，年代最早的是1942年在湖南长沙战国楚墓中出土的一件帛画。

四、石版书

殷商、西周时代，人们将文字刻写在金石上以供阅读并流传后世，主

① 潘美娣：《古籍修复与装帧》，7页，上海，上海人民出版社，1995。

要有金文和石刻两种。

金文，又称“钟鼎文”，就是铸刻在青铜器上的铭文。殷商时代的金文，字体似甲骨文，西周时代的金文为“大篆”，亦称“籀文”。现在发现的铸有金文的青铜器已有10000多件，内容多为祀典、诰命、征伐、盟契的记事，是研究古代历史的重要文献。

石刻，雕刻在石头上的文字。据史书记载，夏、商、周三代都有帝王镂石铭功的活动。先秦古籍《管子》中记载，春秋初期，管仲在泰山上看到72种刻石，其中60种年代久远的石刻文字已无法辨认，但这些刻石现在已找不到了。

西周以后，铸刻金文和镂石铭功的风气依然盛行，青铜铭文一直延续到西汉，还出现了铸刻文字的铁器；石刻则延续到近代未衰。初期的金文和石刻，字很少，而且多系单件，似不能把它们看作古籍。后来，金文、石刻的字数渐多，西周晚期出现了篇幅很长的记事金文，著名的如毛公鼎，多达497个字。春秋晚期，郑国和晋国都铸过“刑鼎”，上面刻有系统的法律条文。又如著名的石鼓文，是由10块石鼓刻成的，记述了秦国国君的游猎活动，文字前后连续。这些金文、石刻文实际是一种没有装订的古籍。至于汉代的“熹平石经”，共有石碑46块，上面刻有《诗》《尚书》《周易》《春秋》《仪礼》《论语》等儒家经典，简直是一部规模宏大的石刻文丛书了。

五、写本书

公元3世纪以后，竹简、木牍已被纸书所替代，纸成为写书的主要材料。那时用纸装书的方法是每写完一篇文字，即把写成的若干张纸粘连起来，成一横幅，在一端粘接一支木棍作轴，从左向右卷起成为一束，这就是一卷。将在简牍时代称为一篇的文字写在纸上粘连卷起，即一卷，因每卷书都以轴作中心卷起来，所以一卷书也称一轴书。明代都穆的《听雨纪谈》云：“今之书籍，每册必数卷，或多至十余卷，此仅存卷之名耳。古人藏书皆作卷轴，邺侯家多书，插架三万轴。”唐代韩愈《送诸葛觉往随州读书》云：“邺侯家多书，插架三万轴。一一悬牙签，新若手未触。”从这首诗中可知唐代的纸书具有卷轴的形式，而且已经能够大量生产，所以一个私人藏书家就有数万卷的藏书。

卷轴的轴多用木棍制成，再采用象牙、玉、琉璃做成薄片镶在轴的两端，如再配以彩色笺纸则更显得艳丽夺目。南朝末年，徐陵在《玉台新咏》的序中云：“五色花笺，河北胶东之纸。”但是，这种装潢考究的书籍只有当时的豪门权贵才能享用。

图 1-6　卷轴装

20 世纪初，在甘肃省敦煌县（现敦煌市）鸣沙山石窟中发现了大量六朝、隋、唐时期的写本卷子，有经卷、佛像和杂书等，其数量竟达 20000 多卷。但由于战乱，最后只有 8000 多卷被送到当时学部所属的京师图书馆保存。

从这些卷子中可以看出，其中的许多卷子都是用黄檗汁染过的纸，通称“硬黄纸”或“黄檗纸”。上面以淡墨画出细直线，作为写书时的界格，称“乌丝栏”。界中每行有十七八个字至二十四五个字，也有多至30余字的。卷轴的宽度约25厘米，长度不等。

对于较长的卷轴，要检阅其中的某一句、某一段，往往需要卷来卷去，很不方便。为了解决这个问题，有人发明把卷子折成11～12厘米宽的长方形纸叠。在其最前面和最后面裱上较厚的纸，作为书衣。这一装裱书籍的技术称“折装”，也称“经折装”或“梵夹装”。隋唐时代，佛教经典大多采用这种装裱形式，故有“经折装”之称。现在的一些佛教经典、碑帖、画册等还保留着这种装裱形式。

折装技术被普遍使用之后，有人觉得这样装裱的书极易散开，于是又加以改进，把卷子折叠成册，然后用一张比折子宽一倍的厚纸从中对折，上半折粘于卷首，后半折粘于卷尾，折叠时像一册平装书，全部拉开如同一个大的纸套。翻阅时，不仅不会散开或被扯断，还可以从第一页翻起，一直翻到最后一页，并且可继续由最后一页翻到前面；周而复始，不会间断。这种可以回环往复翻阅的书，婉转如旋风，于是这种装订方式被称作“旋风装”。

图1-7　旋风装

图 1-8　经折装

折装和旋风装盛行于公元八九世纪。这种书籍装式是由卷轴到册页的过渡方式。这种装式虽免除了卷轴书翻阅时的不便，但是卷子的折痕经过长时间翻阅常常断裂成一张一张的页子；另外，印刷术发明之后，印书用的雕版多是一方一方的，没有很长的版片，所以印出的书也是一张一张的书页。为了便于阅读和保存，又有人把这些页子订在一起，使书籍的装式由卷轴发展到册页。

第四节　雕版印刷后古籍历代版本特点

前面讲了雕版印刷术出现之前的主要书籍的装帧形式，雕版印书始自唐朝，到五代时，已被政府所采用。但是，唐五代雕版印制的书籍传至今者如凤毛麟角，屈指可数。所以，我们在讨论古籍历代版本特点时，从有相当数量的雕版印刷作品流传于世的宋代开始。各代的版本特点与当时的政治、经济状况和文化风尚密切相关。书籍校勘的精粗、开本的大小、版式的规制、印纸的优劣、墨色的好坏、字体的风格、刀法的精拙、装帧的特点等，都能透露一个时代的社会风尚。

一、宋代版本书的特点

宋代前期，刻书多白口、四周单边；后期亦多白口、左右双边、上下单边，少数四周双边。南宋晚期，出现细黑口，也叫线黑口。版心有鱼尾，上鱼尾上方多镌本版大小、字数，上下鱼尾之间多镌书名、卷次、页码，下鱼尾下方多镌刊工姓名，有时镌斋、堂、室名。前期刻书首行小题在上、大题在下，序文、目录和书之正文不分开，互相连属。官刻书多在卷末镌校勘人衔名；私宅和坊刻本多在卷末镌刻题记或牌记。宋代刻书之所以形成这样的版式风格，既有时代特色，也有历史渊源。

中国书籍从简牍出现以后，虽然书写材料和装帧方法不断被革新，但基本形式代代相沿。简牍是用竹木片作为书写材料制成的。一部书的若干篇章可能要用很多竹木简。为了把一部书的竹木简连缀起来，古人就用麻绳或丝线绳从两端无字处编连起来。为了查找方便，每编完一篇一章一节，就卷成一卷，古人称此为篇。为了显示不同书或同书不同篇章之间的区别，又常在每篇之前用一片单简标注篇名。为了显示哪一篇属于哪部书，于是又在篇名下标注书名。这就是所谓的小题在上、大题在下。到了宋代，版印书籍虽然由手写变成了刻印，但在书籍形式上仍然模仿简牍书。虽然宋版书的版式风格直接继承了古写本的风貌，但版印书籍的形式又不完全与古写本书籍相同。写本书尽可一行接一行地写下去，除在每篇、每卷写完外，不用一版一版地断开。版印书籍就不同了，尽管在行格、边栏方面仍可模仿古写本，但它必须受书版的制约，成了一块一块的。同时，考虑到这种版印书籍的装订形式和使用方便，于是又在一版中间留下书口，饰以鱼尾，镌刻书名、卷次、页码、大小字数和刊工姓名。这又是版印书籍所特有的形式，影响了以后元、明、清历代的刻书风格。所以，宋版书的版式也是一种创新。但是，无论经、史、子、集，也不论官刻、私刻，并没有一定的款式规格。

宋代刻书的字体风格如明代张应文在《清秘藏》中提到的："大都书写肥瘦有则，佳者绝有欧、柳笔法。"明代谢肇淛在《五杂俎》中说："凡宋刻有肥瘦两种，肥者学颜，瘦者学欧。"明代高濂在《遵生八笺》中说："宋人之书，纸坚刻软、字画如写。"宋代字体继承了唐代的欧、柳、褚、颜诸家端庄凝重的楷书风格，其笔势间架、刚劲似柳。当然，坊间所刻之书由于书手造诣不深，加之追求速售牟利，其特点不甚明显，更有粗制滥造者。但总的来看，宋刻本的字体是很有特色的。

宋版书所用印纸多是皮纸和竹纸。进入宋代以后，随着文化事业的发展，对纸的需要量越来越大，用麻造纸不但昂贵，而且不能满足社会需要，所以各地造纸坊往往就地取材。南方多用桑树皮和楮树皮作为造纸原料。福建盛产竹子，于是竹子成了造纸原料。两浙、四川与福建是宋代三大刻书中心，地处江南，桑、楮生长相当普遍。闽北盛产竹子，就地取材，造纸印书，既经济，又方便。目前所见宋版书，浙刻本、蜀刻本及江西刻本、湖南刻本多用皮纸，闽刻本多用竹纸。

宋版书籍的装帧形式主要是蝴蝶装和包背装。书籍的装帧与书籍的制作材料和制作方式有着密切的关系。用竹木简和缣帛制作的书，其装帧只能是卷轴形式。到了采用纸张写书，仍有很长一段时期沿用卷轴形式。但是，用纸写书毕竟与用缣帛写书不同，纸虽柔软，但不坚韧，来回卷舒，不但检索文字不便，还很容易断裂。因此，进入唐代以后，卷轴装逐渐经旋风装向经折装等册页装帧形式过渡。宋代，版印书籍大兴，制作书籍的技术由手写变为雕版印刷。书籍也不再是手写时那样毫无间隔地一行行连写下去，而是一版一版间隔开来。这种书籍制作技术的改革必然带来书籍装帧形式的变化。唐以前长期采用的卷轴装、唐代出现的旋风装和经折装，对于一版一版印刷的书籍来讲，都已不尽适用，于是出现了蝴蝶装和包背装，把册页装帧方式向前推进了一大步。《明史·艺文志》记载明代“秘阁书籍皆宋元所遗，无不精美。装用倒折，四周向外，虫鼠不能损”。其中的“装用倒折，四周向外”指的就是蝴蝶装。但是，蝴蝶装的书页均是单层，每翻开一页，首先看到的并不是文字，而是背面的空白。此外，书脊处只用糨糊粘连，容易脱落。于是，宋代后期出现了包背装。包背装的特点是将书页无字的一面面对面地折叠起来，版心向外，书页左右两边版框外的余幅向着书背。在余幅的适当位置打眼，用纸捻订起、裁齐，再用一张较厚的纸对折，用糨糊粘于书背。这种装帧形式从表面看很像蝴蝶装，但一打开已不是两个单页像蝴蝶翅膀一样地展开，而是合页装订的正面文字。北京图书馆所藏宋刻本《文苑英华》即保留着宋代包背装的原样，卷末有“景定元年十月廿五日装背臣王润照管讫”字样，说明包背装在南宋已很流行，并且有专人管理。

图 1-9　蝴蝶装

图 1-10　包背装

宋版书的避讳甚多。避讳是中国封建社会特有的风俗，大约起自周，成于秦，盛于唐、宋。宋人避讳尤多，洪迈在《容斋随笔·三笔》中记载“本朝尚文之习大盛，故礼官讨论，每欲其多，庙讳遂有五十字者。举场试卷，小涉疑似，士人辄不敢用。一或犯之，往往暗行黜落。方州科举尤甚，此风殆不可革”。宋代不但在位皇帝御名要避，就是皇帝祖上的名字也必须回避，而且与他们名字同音的字也随之都要回避，这样就产生了很多必须避讳的字。宋代这种避讳反映在刻书上，尤其反映在官府刻书上，就出现了很多避讳字。通常的避讳方式，凡遇当今皇帝御名，多以镌刻小字“今上御名”的方式回避；遇到庙讳，多以缺笔方式回避；个别的也有以改字方式回避的。当然，宋代刻书的情况是十分复杂的。官府刻书，避讳就显得十分严格；私宅、坊刻书，避讳就不那么严格，甚至相当混乱。

二、元代刻书的特点

元承南宋遗风，故元初的某些书刻，特别是某些私宅和坊肆所刻的书，由于大部分老板和刻字工人都是由旧朝步入新朝，所以风格特点与之前无大差异。但纵观整个元代刻书的特点，大略可用 8 个字概括，即黑口、赵字、无讳、多简。

黑口，指每版中缝线的上下两端或版口的地方为宽粗墨印黑条子。当然，元代刻书白口者也有，多在元初南方所刻的一些书有所表现，由于多是原来的宋人所主持，故白口不少。就是整个元代，白口书也并不少见。但就一般而言，元代刻书无论官刻、私雕，多为黑口，而且不少是粗大黑口。元代刻书之所以多是黑口，甚至粗大黑口，多因刻书之人和刻字工匠或贪图速成易售，或对技术掉以轻心、苟且敷衍，或经济拮据、无力精雕细镂，故在镌刻刀法上、印纸敷墨上就显得毛草。宋朝出现的细黑口，也称线黑口，被元代刻工们加以夸张，把必须经过精细剔剜才能形成的细黑线大胆变为不用剔剜的宽粗墨条，投机取巧，节时省工。此为元代刻书多是大黑口的内在原因，也是形成元代刻书一大风格特点的内在原因。

赵字，指元朝刻书的字体大多模仿赵孟頫的字，此为元朝刻书的又一明显特点。赵孟頫，字子昂，号松雪，宋代秦王赵德芳之后，在元朝前半期深受朝廷的宠遇，其字在社会上影响颇深。《元史·赵孟頫传》云："孟頫篆、籀、分、隶、真、行、草书，无不冠绝古今，遂以书名天下。天竺有僧，数万里来求书归，国中宝之。"清代徐康《前尘梦影录》云："元代不但士大夫竞学赵书，如鲜于困学、康里子山。即方外，如伯雨辈，亦刻意力追，且各存自己面目。其时如官本刻经、史，私家刊诗文集，亦皆摹吴兴体。至明初，吴中四杰高、杨、张、徐，尚沿其法。即刊板所见，如《茅山志》《周府袖珍方》，皆狭行细字，宛然元刻，字形仍作赵体。"由此可见，在元代，既有士大夫竞学赵字，就是一般文人也刻意模仿。直至刻书，也附庸这种社会风气，皆以效法赵字为美，所以元代刻书的字体无论官刻、私雕，几乎都是赵字风貌。当然，也有两点值得注意，即在元朝刻书中，字体也有一些不似赵字的，不可一概而论。另外，明初刻书仍有元人遗风，亦有不少在字体风格、印纸墨色等方面很像元本的。如果只注意版式风貌而不顾及本质，那难免犯经验主义错误。

无讳，指元朝刻本书不像宋版书那样，皇帝的名讳、庙讳处处可见，见不到讳字迹象。避讳是中国历史上特有的风俗，前后垂 2000 余年。但元朝是蒙古族贵族建立的封建王朝，出现了特例。元初诸帝并不习汉文，而且他们的名字被译成汉字，全系音译，不是汉字的原初意义。这就牵涉元代诸帝御名要不要避讳和如何避讳的问题。关于这个问题，元朝政府有关部门也曾讨论了几次，结论虽有讳法，但在行文实践上很难遇到，缺少讳例。据《大元圣政国朝典章》记载，“延祐元年十一月，行省准中书省咨科擎事件，送礼部约会翰林院官议得：称贺表章，元禁字样太繁，今除全用御名庙讳不考外，显然凶恶字样，理宜回避。至于休祥极化等字，不须回避。都省请依上施行。”“延祐三年八月，中书省剳付礼部呈翰林国史院议得：表章格式，除御名庙讳，必合回避。其余字样，似难定拟。都省仰钦依施行。”由此可见，元代避讳只限于全用御名，而元代诸帝的御名又多是音译多字的长名，这样在重刻前代旧籍或新刻元人自撰新籍中，碰上全用御名的地方就极少了，甚至是没有。这就是元代刻书无讳字的根本原因。

多简，指元朝的书刻多用俗字和简体字，这与宋版书比较，也是一个特点。中统元年，忽必烈一即位就尊八思巴为国师，授以玉印，命其创建蒙古新字。八思巴创制蒙古新字于至元六年颁行天下。这一系列的活动都是在元朝定鼎之前进行的，并且确定以八思巴创制的蒙古新字为国字，上下行文、对外交往等文字都得使用国字。在这种情况下，对汉字书写和版刻要求就不那么严格了。加之刻书铺子图快、书手图简、刻工图省，于是在刻书过程中，特别是一些书铺子所刻的书，就将平时常用的一些简体字或俗体字用上了。这在元朝以前的宋版书，以及元朝以后的明、清版书中，都是比较少见的。因此，从某种意义上讲，这种多用简体字或俗体字的现象也可以说是元代刻书的一个特点。当然，在元代前后的书刻中，特别是坊刻本，用简体字或俗体字的现象也时有发生。尤其是在明、清两代书坊所刻的戏曲、小说中，简体字或俗字并不少见，但总的来说，都不像元代刻书中表现得那么突出。

三、明代版本的特点

明代版本呈现前期、中期和后期的不同特点。

明初至正德时期的刻书特点是黑口、赵字、继元。“黑口、赵字”本是元代刻书的风格，入明之后，许多旧的书铺子和刻书工匠带着早已形成的习惯和风格跨进了新朝。加上明初的徭役制度，对工匠实行住作匠和轮换匠的管理办法，从而使来京城入内府服刻书之役的工匠们有了交流和统一风格的机会，故明初一代的内府刻书几乎都是粗大黑口。有些书虽然是内府刻本，实则是由政府指派各地书铺子承刻的，上行下效，又恰与自己原有的风格相近，故轻车熟路，亦多是大黑口。明朝政府或皇帝的某些官修、敕撰或御制之书，政府又明令地方翻刻时只能照式翻雕，不得随意改变款式和风貌。这样一来，官刻书的风格便逐渐统一了。至于各地书坊和私宅所刻之书，虽然不完全相类，但流风所至，亦大同小异。这是明正德以前刻书风格继承元代余韵的一个方面。

嘉靖至万历时期，除司礼监刻书外，其余无论官刻、私雕，都出现了“白口、方字、仿宋”的特点。明代社会发展到弘治、正德时期，统治阶级腐朽，社会政治更趋腐败，学术文化氛围更加沉闷，整个社会孕育着一场变革的风暴。嘉靖至万历年间，文学上出现了复古风是复汉唐之古，刻书上的复古便是复赵宋之古。宋代是我国雕版印刷史上的黄金时代。宋代的刻书不但保存着许多唐、五代时期旧本的风貌，版刻上的刀法剔透、白口大字、端庄严肃、古朴大方的风格也被版刻家尊为典范。明代正德以后，特别是嘉靖一朝，无论是官刻、私雕，不但把宋元旧籍的内容照样翻刊，而且在版式风格、款式字体上全面仿宋。这一时期所刻的书几乎都是横轻竖重、方方正正的仿宋字，并且纸白墨黑，行格疏朗，白口，左右双边，颇有宋版遗韵。

万历后期至崇祯时期的特点是“避讳”。万历初期对社会思想更加严格控制，对人民反抗更加残酷镇压。此时兴起避讳皇帝姓名的旧习，正是加强思想钳制和强化封建统治的具体反映。实际上，明承元代旧俗，讳法极疏。穆宗隆庆以后，讳法始密。所以，鉴定明版书，若从讳字着眼，要注意前后讳法的疏密变化。就是明代后期讳法稍严，也只是直避皇帝御名而已，故实际出现的讳字极少。万历以后，毕竟已是腐败透顶，岌岌可危，所有这些折射在刻书的风格上则又是一变，变成了“白口、长字、有讳”。

四、清代版本的特点

清代刻书的版式风格没有显著特点，大体上沿袭前明旧俗，特别是有些官刻书，如顺治十二年的《资政要览》、顺治十三年的《内则衍义》等，都是大字宽栏、行格疏滞，一看便知仍是明代经厂刻书的风韵，字体瘦长，行狭字细，左右双边或四周双边，白口，双鱼尾。

至康熙时，刻书发生了一些变化。因康熙本人对书法有相当的研究和造诣，在六巡江南时，先后考录了 54 名写字好的生员供内廷使用。自此以后，凡朝考廷试对策大卷的字，非端楷圆秀者，不大容易被录取。久而久之，形成了一种非颜非柳又非赵的所谓馆阁体。这一时期，无论私宅、坊间，刻书都常请写好字的名家写样上板，刊刻印行。例如，张力臣写刻的《顾氏音学五书》，林佶写刻的《渔洋先生精华录》《尧峰文抄》《午亭文编》，郑燮写刻的《板桥集》等。因为这种由书法好的人根据自己的风格写样上板刻书的字体较之自明嘉靖以来所刻之书的那种横轻竖重、笔道硬直、结构方整的匠人字体柔美多姿，通常又被称为软体字，用这种字体所刻的书通常被称为软体刻本，是清朝前期，大致是乾隆以前刻书的特点。乾隆以后，国势日蹙。嘉庆皇帝虽然对国政进行了不少调整，但难挽江河日下的狂澜，反映在刻书的版式字体上便变得小气了，字体显得团头团脑，而坊间所刻的一些劣本更蹩脚。

清初和元代一样，没有避讳的习俗。但随着统治的日益强化，自清圣祖玄烨开始，实行了汉族文化中固有的避讳旧习。此外，由于清代文字狱迭兴，这种避讳就显得格外严格。讳字虽然没有宋代那么多，但反映在公私刻书、抄书上，显得更紧更严。掌握清代历朝皇帝所避讳的字，对于推断鉴定一书的版刻年代虽然不能说是重要的可靠的证据，但据此推断一书版刻的上下限，大致是可信的。

清代刻书的印纸名目繁多，有罗纹纸和绵纸、竹纸、开化纸、开化榜纸、太史连纸、棉连纸、宣纸、毛边纸、毛太纸、迁安纸、官堆纸、高丽纸、日本皮纸、美浓纸等。罗纹纸，色泽洁白，质地柔软，有显著的横文，看去似有丝织品罗的纹路。这种纸早有生产，宋、元、明、清都曾用这种纸印书，至清初还在用。康熙时，席启寓用这种纸刻印过《唐百家诗》。雍正时，武英殿用这种纸刻印过《唐宋诗醇》。故清初罗纹纸印书历来为版本收藏家所珍重。乾隆以后，此纸渐少，此后的印书几乎不见。

清初内府刻书用纸比较有特点，多用洁白如玉的开化纸和开化榜纸。开化纸又称开花纸，南方也称桃花纸。据说这种纸产自浙江省的开化县，所以称开化纸。清代顺、康、雍、乾时期，内府和武英殿刻印的图书多采用这种纸。嘉庆以后的内府官书也有不少使用这种纸。开化榜纸从表面上看极似开化纸，质地比开化纸要厚，色泽没有开化纸那样细白。乾、嘉、道时期的一些殿板书多采用这种纸。这种纸产于皖南芜湖一带，此地多产青檀树，用这种青檀树皮造纸，很早就有。清代时造这种纸往往掺加稻草，故时间一久，这种稻草纤维便易吸潮发黄，形成锈斑。清乾隆时官修的《四库全书》《历代通鉴集览》就用的这种纸。

太史连纸，通称粉连纸，又叫连史纸。这种纸中较厚较白者，又称海月纸，清乾隆以后印书多采用这种纸。近似于连史纸的还有一种毛边纸，呈米黄色，故亦称黄纸。《常昭合志》称“隐湖毛氏所用纸，岁从江西特造之，厚者曰毛边，薄者曰毛太，至今犹存，其名不绝”，足见此纸明代就有生产。清乾隆以后的印书亦多采用这种纸。同治、光绪间印书，多采用毛太纸。各地刻书，尤其是各地的志书，常就地取材，更具特色。

当然，清代刻书的印纸最常见的还是竹纸。前边说的连史、毛边、毛太等，如果从质料上讲，也是竹纸中的一类。所以，清代刻书的印纸尽管名目繁多，如果从造纸质料上分，不过皮纸、竹纸两大类。不过，清代造纸早已不是单纯地采用一种原料，而是以一种原料为主，掺加某些别的原料，混合抄造而成，工艺细致，纸面较光润。

第二章　古籍修复原则[①]

明人周嘉胄在《装潢志》中讲古籍修复者“须具补天之手、贯虱之睛，灵慧虚合，心细如发”，要求从业人员必须具有灵敏的双手、良好的眼力、高超的技术及一定的文化修养，要有高度的社会责任感和认真负责、一丝不苟的工作态度。古籍修复技艺传至今日，经过数代古籍修复工作者的不懈努力，修复工作的科学化、标准化和规范化正在逐步推进，形成以下修复原则。

第一节　“整旧如旧”原则

“整旧如旧”一直是古籍修复的最高境界，也是文物保护领域的共识。要使修补过的地方基本上与原书一样，既要加强古籍书页的机械强度和耐久性，使它寿命延长，又要不改变其原貌，保持原有的风格和特色。其内涵最丰富，因而也最难以掌握。

欲解释清楚“整旧如旧”，首先需要解释“如”和“旧”，特别是“旧”所包含的内容。词典里与“如旧”比较贴近的解释是“如同”和“好像”。“旧书”在词典中的解释有两种，一是“破旧的书籍”，二是“古书和旧物”。由此，“整旧如旧”可以被解释为修复以后的古书要像修复前的古书

① 张志清，陈红彦：《古籍保护新探索》，118—128页，杭州，浙江古籍出版社，2008。

一样。这引起我们对另一个问题的思考，即修复前的古书具有哪些特点和性质，即“旧”字本身所具有的内涵和定义。2002 年颁布的《中华人民共和国文物保护法》第一章第四条规定“历史上各时代重要的文献数据以及具有历史、艺术、科学价值的手稿和图书数据等”受国家保护。早在 1978 年 4 月召开的《中国古籍善本书目》编纂会议上，专家学者已明确提出了鉴别善本古籍的“三性原则”并规定了收录善本古籍的“九项条件”。所谓“三性原则”，指“历史文物性、学术资料性、艺术代表性”。实际上，“三性原则”就是善本所具有的特性。同时，“三性原则”与文物保护法阐述的定义也是一致的。因此，我们可以认定“整旧如旧”所要保持的“旧”，其具体内容就是“文物性、数据性、艺术性”。明确了这一点，我们可以展开进一步的分析。

一、古籍的“文物性”

广义的文物指历史上各时代的重要实物、艺术品、文献、手稿、图书数据、代表性实物等可移动文物，分为珍贵文物和一般文物。珍贵文物又被分为一级文物、二级文物、三级文物。根据这条定义对照古籍，发现古籍具有以下文物特征：

第一，物体。古籍是以物体形态存在于世间的，所以把握古籍的文物性，首先要将每一册（件）单独不可再分割的古籍都视为一件不可改变和不可替换的物体。

第二，装帧形式。装帧形式反映了不同时代古籍的装帧风格和特点。具体来讲，从书页的连接方式、折叠方法到书衣的形式和丝线型号及单双股丝线的使用，无不浸透着时代和地域的烙印。

第三，载体材料。载体材料是古籍文物性的又一重要特征，主要包括纸张、织物和墨。这三种物质由于产生的年代不同，所以同样具有鲜明的时代特征。例如，元代以前印书主要用麻纸、皮纸，明代以后大量使用竹纸。由于造纸所使用的原材料、所处的自然环境及所要求的工艺细节上的差异，不同地域生产的纸张往往具有各自的地方特色。纸张的这些特征无疑给人们鉴定古籍版本提供了依据。

认识载体材料的文物性还有一点必须强调，就是载体材料的性质。大家知道，物质都有其自身特性，都有其自身的生命进程。从现存古籍的载体材料看，由于各种天灾人祸导致一些古籍的载体材料发生了变化，即使它们与未受侵蚀的载体材料有明显区别，我们仍要将这部分载体材料视为古籍整体的一部分，采取适当的技术方法控制其进一步发展变化。

总之，修复古籍时我们必须将古籍的装帧形式和载体材料视为古籍文物性中不可缺少的一部分。修复时，不可凭个人的理解随意添加、更换和改变古籍的装帧形式和载体材料。当然，现实中许多修复实例所暴露的问题大多是出于善意，但由于没有从古籍的文物性入手，好的动机没有产生好的结果，对古籍造成了伤害。文物是祖先留给我们的无价之宝，不可再生，也不可复制，复制品不具有文物价值。所以，保持古籍原件的文物性就显得尤为重要。

二、古籍的“数据性”

古籍的“数据性”主要体现在书页上面书写或印刷的文字、板框及书根字迹中，古籍修复历来提倡“片纸只字”不能丢失，强调的就是保持古籍数据的完整性。在涉及古籍数据完整性方面，修复工作中出现的问题也不少，主要表现为两种情况：一是损伤，二是添加。“损伤”的主要表现：裁书造成书写在书页天头、地脚的名家批校文字缺损，修补书页造成书根字损伤，托裱书页时造成字迹墨色洇化。“添加”主要表现在两个方面：一是通常所说的“划栏补字”，即在书页上添加缺失的文字和栏线。二是对模糊的字迹或栏线进行描绘。两种情况的动机都是为了追求“完美”，结果却破坏了古籍原有数据信息的完整性。

三、古籍的“艺术性”

古籍的“艺术性”主要体现在组成书籍的每一个可分解部位上，这些可分解部位的完美状态构成了古籍的“艺术性”。当人们看到一部古籍，往往还没有打开翻看里面的内容，首先会对其精美的外观、典雅的色调印象深刻，这就是古籍所具有的艺术魅力。古籍的艺术性体现在书衣、书签、丝线、书角、书口等部位是否平整，相互间的比例是否恰当，以及颜色的搭配是否和谐等。修复时应当重视有关“艺术性”的每一个细节。

古籍蕴含着丰富的艺术性。修复者的责任就是在修复过程中采取科学的技术方法，使古籍的艺术性不受丝毫损坏。例如，拆除纸捻的环节就有两种拆开方法。一种比较简单，只需用刀剪将纸捻剪断即可，可谓省时省力。这样做的结果是原有纸捻被废弃，纸捻的艺术性也被破坏。另一种做法是首先轻轻地将盘绕着的纸捻打开，然后手持 3～4 张书页从纸捻的细端将书籍分解，这样便完整地保护了此书的艺术性。

通过上述分析可知，“整旧如旧”的实质是使经过修复的古籍保持其本身所具有的文物性、数据性和艺术性，必须摒弃那些对古籍“三性”产生影响的错误做法。

根据修复经验，在修复古书时要特别避免两个错误：一是切勿为了方便使用而更换书皮。例如，有的修复者在对丛书进行修复时，仿照《四库全书》，按照书籍内容为书籍配置不同颜色的封皮，认为这样做会方便阅览。人们犯此类错误的原因是忘了修复的宗旨，忘了此时修复所面临的工作不是新书装订而是旧书修复。装订新书倡导创新，《四库全书》按照书籍的类别将封皮设计为 4 种颜色不失为好的创意，应该给予肯定。但是，如果我们今天再根据古籍内容给古籍重新配置不同颜色的新书皮便是犯了严重的错误，因为你所看到的大多数古书的性质已经改变，它已经成为文物，文物是不能随意改变的。修复文物只能采取保持原状的做法，绝对不能“创新”。因为这种“创新”会使古籍失去原有面貌，使古籍的文物性受到严重破坏。因此，修复人员必须牢记修复古籍只能从“保持”入手，切忌这样的“创新”。二是要注意保留已被改装的书籍装帧形式。历史上由于各种原因使书籍改变原有装帧形式的案例很多。2003 年，国图善本部开展宋元善本保存情况调研时，发现多册被改装的书籍，其中改装最多的是蝴蝶装书籍。蝴蝶装被改装之后的装帧形式有多种，如册页装、包背装、线装、黄装和金镶玉装。如果单从使用角度出发，改装后的装帧形式确实优于改装前，但违背了“整旧如旧”的修复原则，使古书的原貌丢失。

对待前人的改装，今人修复时有两种做法可供选择：一是恢复书籍的本来面目，即恢复其原有装帧形式。二是保持现状，即保持改装后的书籍装帧形式。书籍之所以出现多种改装形式，其中既有前人的主观认识问题，又有客观修复技术发展过程的印记。这些改装书籍年代久远，其自身已经具有了新的历史文物性，而这一新的文物性又成了研究书籍版本的重要凭证。同时，如果深入研究这些改装书籍，就会发现其潜在价值，发现书籍装帧形式的变化所反映的不仅仅是人们认识上的变化，更主要的是这种变化勾勒的古籍保护技术的发展脉络，这一脉络成为研究古籍保护技术发展的难得史料。因此，对于前人改装过的书籍装帧形式不宜轻易恢复，应给予保留。

第二节　“抢救为主，治病为辅”原则

“抢救为主，治病为辅”的意思是集中力量优先修复那些毁坏严重、濒临灭绝的古籍，根据破损程度，将古籍按轻、重、缓、急加以合理排序，解决了破损古籍修复的先后问题，使修复工作由无序变有序。从古籍的破损程度来区分，古籍修复工作可被分为抢救性修复、保护性修复和预防性修复三个阶段。

一、抢救性修复

这是一种在非常紧急状态下的修复行为，其目的是要马上阻止文献破损部位的蔓延或发展。一般情况下，这主要针对的是严重破损的古籍。这部分古籍如果不能马上进行抢救性修复，破损情况很可能继续发展，造成古籍局部或全部受到损害，部分脱落或消失。此外，突发事件对古籍造成的侵害也是抢救性修复的主要内容。例如，每年雨季或采暖季节，由于某

些图书馆设施不完善，从而使部分馆藏受潮，这些书籍如果处理不当，往往会很快生霉。在这种情况下，必须尽快采取相应措施除霉，避免损失扩大。虽然抢救性修复可以快速挽救一大批古籍，但也有一个致命的缺点，就是很难对破损古籍实施全面拯救，只是借助于极端紧急状态下的修复干预，挽救那些“有药可救”的古籍，至于有些古籍上出现的已经不可逆的损伤，如严重的霉烂及揉、磨伤等，则只能做一些加固，已经损失的文献信息则无力恢复了。

二、保护性修复

针对严重破损程度以下的古籍，在“整旧如旧”、保持古籍原始面貌的原则下实施修复，延续古籍的使用寿命，这是在古籍修复过程中采取最多的一种修复措施。需要说明的是，所谓的“整旧如旧”不是企图恢复古籍损坏以前的原貌，如宋版书在宋代的原貌、元版书在元代的原貌。古籍传世至今已历经千年，书籍制作时期的旧貌现在大多已经改变，看不出原来的面貌，也谈不上恢复不恢复了。我们现在能做的只是尽可能保留古籍修复之前的面貌。而所谓保持古籍修复前的面貌，是指在修复工作中只是修复和加固古籍的残破部分，而不能使古籍其他部分的现有性状发生任何形态上的改变。

三、预防性修复

预防性修复采取的保护措施是预防性的，目的是避免对古籍实施较大规模的干预。对古籍采取的预防性修复，一是在对古籍采取拍照、扫描等措施前，先对古籍进行修补和加固，避免在拍照、扫描过程中破损加大或使破损部位脱离原书，产生不必要的残片。二是对古籍中虽未发生明显破损但已经实际产生劣化现象的部位先进行小范围的修复，采取一定的措施消除危害古籍使用寿命的因素。例如，经常在古籍书口部位产生的磨损现象，有的地方断裂，有的地方还没有完全断裂，呈断断续续的状态。如果只把断裂的部位进行修补，是完全可以的，但书口没有修复的部分在很短的时间内有继续发展以致断裂的可能，此时就需要把折痕处已经有断裂隐患的部分修复一下，加以预防。此外，对于已经出现生霉现象的古籍，被霉菌腐蚀的部分外表看起来还基本完整，但实际上纸张的强度已经很低，要马上采取措施加固，防止生霉部分出现更大的损失。这些都是预防性修复的重要内容。

第三节 安全性原则

在古籍修复过程中，应该把“安全性”原则放在第一位。修复是一个高度专业性的工作，其目的在于保存和展示古籍的文献与历史价值。因此，在修复过程中，保证古籍安全是第一位的大事。这里包括安全的修复工作环境、安全的修复措施、安全的修复材料及古籍文献信息的安全。

一、修复工作环境的安全性

按照相关规定，修复古籍工作间的安防要求应与善本古籍书库基本相同，即安装红外、微波、烟感等用来防火、防盗的设备，保证修复环境的安全。

二、修复措施的安全性

这是指在修复过程中采用的修复技术或修复方法对古籍来说要绝对安全，绝对不能采用不当的修复措施。譬如，对古籍采取染色、揭薄等修复措施是对文献的二次破坏，这种破坏往往是不可逆的。采用这种修复措施的出发点是要使修复后的古籍外观漂亮，但从其修复结果来看，反而对古籍的文献信息造成不可逆的损坏。

三、修复材料的安全性

这是指选用的修复材料对古籍来说应该是安全无害的，不应含有对古籍不利或有害的成分。例如，不能使用木浆纸作为古籍的修复材料。因为木浆纸的原料中含有大量的木质素和其他杂质，极易产生劣化现象，从而可能对古籍造成污染，影响古籍的长久保存。此外，在古籍修复过程中，不要使用明矾及其他可明显改变纸张性状的化学物质，以免对古籍及环境产生不利影响。

四、文献信息的安全性

在修复过程中，从始至终都要注意保证古籍所承载的各种文献信息的安全，其中包括不能改变古籍用纸的长度、宽度、厚度等数值，不能使文字受到损伤。

第四节　真实性原则

真实性原则就是保护文献的真实性，就是切切实实地保护古籍所有原始信息的真实性，主要包括两方面的内容，即文献内容的真实和文献形态的真实。“修旧如旧”的修复原则其实就是要求保持文献信息的真实性，但由于业内对“修旧如旧”这个原则的解释过于概括和宽泛，特别是对“修旧如旧”的“旧”字的理解到现在还没有一个统一的认识，一定程度上影响了该原则的实行。在国内修复的古籍中，我们经常能看到一些装裱得很好、外观华丽漂亮但文献信息已经“失真”的古籍。因此，在古籍修复过程中，一定要做到以下信息的真实性。

一、文献内容的真实性

文献内容是文献的主要信息。古籍的文献内容是通过文字、图像表述的，所以在修复工作中注意保留文字信息的完整，就是在维护文献内容的真实性。首先，文字、图像数量真实。多数古籍存在文字、图像残缺现象，处于破损边缘处的文字、图像受到的伤害一般较其他部位的多。修复时，稍有不慎，就有可能导致这些受到损伤的文字和图像部分或整体缺失。保证古籍原有的文字、图像数量，是古籍修复工作的重点之一。其次，文字、图像位置真实。古籍多有残片，残片的文字、图像的缀合必须非常慎重。没有确凿的证据和十分的把握，古籍的残片文字、图像不可随意缀合，以免出现错误，影响读者对其正确解读，同时也避免二次修复带来的人为破坏。保证残片上文字、图像在古籍中的正确位置，也是古籍修复工作的重点之一。再次，文字、图像形状真实。这主要指在修复过程中要注意古籍文字、图像的真实，注意保持笔画、图形的原貌。对于缀合的残片，一定要保证其文字、图像笔画的位置正确。最后，残缺部位的真实。文字、图像缺失的部分，一定要保持原貌。在修复过程中，缺损部位载体的厚度和形状不应改变。

二、文献形态的真实性

文献形态信息是通过文献装帧形式表现的。因此，在修复过程中，必须忠实地再现古籍的原始文献形态，不能有丝毫改变，在装帧形式、纸张规格及纸张特征等古籍文献形态方面应特别注意。古籍原始的装帧形式一定要按照修复前的面貌保留。破损的书皮、护页尽量修复，恢复其使用功能。卷装古籍在修复时的添加物如包首、拖尾等，最好不要与原件粘连在一起。修复之后，古籍用纸的规格不应改变。换句话说，就是在修复过程中，古籍用纸不能裁，古籍用纸的规格数据不能改变，特别是要尽量保护古籍纸张的厚度不能因修复受到损减。

古籍纸张特征明显，其中包括纸张原始信息，纸张帘纹、规格等加工信息，纸张加工情况，还有在书籍制作时留下的特殊信息等。这些特征对古籍研究都非常重要，应该完整地保留下来，不应因修复受到损失。

第五节　最少干预原则

最少干预原则是指对古籍历史信息的最少干预，这是指导古籍具体修复工作的非常重要的原则，即对古籍的修复始终要控制在最小范围。无论是抢救性修复、保护性修复，还是预防性修复，都应该根据实际需要，把修复的面积控制在尽可能小的范围，添加的修复材料要尽可能地少。例如，在古籍中经常可以看到一些撕裂比较严重的书页，但其纸张还保留着很好的强度，只要用很窄的纸条把撕裂的部分补好，纸张就可以基本恢复原貌了。尽量不要用纸把整张书页都托裱起来，不要把书页没有破损的地方一起加固。

一、避免过度修复

与最少干预原则相反的就是过度修复。所谓过度修复，就是在修复过程中过量使用修复材料，以及采用一些本来并不需要采用的过度修复措施。本来通过用窄纸条就可补好的，却用托裱方法修复，在古籍上添加了本不需要的材料，既浪费了资源，也干扰了古籍原始文献信息。因此，在古籍修复工作中应避免过度修复现象的出现，避免因过度修复干扰古籍原有的信息。例如，古籍虽然遭到伤害，但书页强度尚好，却对书页整体进行托裱；书页局部破损，却采取把整张书页背面都托裱以加固书页的做法，就是过度修复的典型。

二、避免妄自补充缺失内容

不要试图恢复文献上已经缺失的文字和图像，这对保护文献的真实性至关重要。在古籍修复中有“划栏补字”的做法，在字画修复方面也有“接笔”和“全画”的传统，将文献中原来已经缺损的文字、图画补齐、复原。这样做虽然美观，但破坏了古籍的真实性。

第六节　可逆性原则

可逆性原则指的是修复所用材料和技术方法应具有可逆性。修复的古籍，在必要时可采取措施比较容易地把修复材料从古籍上取下来，慎用新技术、新材料。可逆性原则在修复工作中占有十分重要的地位，是针对修复过程“不可逆”现象提出的。修复后的古籍如果不具有“可逆性”，后果十分严重。

一、技术措施可逆

这主要是指修复后的古籍必要时可采取措施比较容易地把修复材料从古籍上取下来。这就要求修复不能对古籍原始文献信息造成任何不可逆转的变化。例如，古籍用纸中有一部分经过浸蜡、涂蜡处理。由于蜡的作用，这一部分古籍纸张已经发生劣化现象，纸张强度降低。如果采取相应措施，将蜡从纸张中除去，这在技术上不是什么难事，但古籍用纸的历史信息会不可逆地损失一部分，所以对这部分纸张的修复处理注意尽量保留纸上的蜡。

二、修复材料可逆

使用的修复材料性状不会发生变化，在采取相应技术措施以后，可以很容易地从古籍上取下来。在修复中，不使用不具有“可逆性”的黏合剂。这种情况古代和现代都存在。当古人还不懂得使用小麦制作糨糊时，使用的是植物胶类黏合剂。此类黏合剂呈棕黄色，非常黏稠，用水难以溶解。许多敦煌写卷书页连接使用的都是这种黏合剂。另外，有一些敦煌写卷的补纸也使用这种黏合剂粘接。由于这种黏合剂基本上不溶于水，所以给今天的修复工作带来了极大难度。近代古籍修复也有使用不具“可逆性”黏合剂的事例。

三、慎用新技术、新材料

近几十年来，市场上经常出现一些新研制的文献保护技术、机械和材料，如纸张覆膜加固技术及气态、液态高分子化合物加固纸张技术等。在运用这些技术加固纸张的过程中使用的材料多数是用来修复近代图书的，修复古籍并不适合。其中一个重要的原因就是可逆性差，用起来很容易，但要从古籍上把加固的东西取下来就比较困难了。此外，有的药物在去除污染物时很有效，但容易引起纸张变色，所以在古籍修复中使用非传统的技术和材料一定要慎重。

第七节 可识别性原则

在修复之前，应该对古籍的原貌进行拍照留档。修复材料必须与古籍原件有所区别，修复的目的并不是追求修复风格的统一。对前代修复人员为古籍修复工作所做的贡献应该给予尊重，当不同时期的修复材料重叠在一起时，要注意保存各个时代修复的历史信息。

修复材料应与古籍的颜色相协调，但也应有区别，修复用纸的颜色应尽可能与古籍原件相协调并应有一定的色差，使人可准确判断添加修复材料的位置和面积，尽量保留古籍原有的文献信息。前人修复的信息要根据修复纸张颜色是否协调、原料结构与古籍是否相同等情况区别处理，对古籍保存不利的要取下。这种情况主要出现在近代修复过的古籍中，补纸含有对古籍长久保存不利的成分，如木浆、草浆成分，或者补纸过厚、过硬，这样的补纸应取下、替换。有文献价值的要保留，有些补纸，特别是有字迹的早期补纸，具有相当重要的历史文献价值。这样的补纸可以从古籍上取下，经过修复后另行妥善保管，也可根据情况原地保留。当然，是否取下补纸的决定权不能仅仅依赖于负责此项工作的个人，而应由有关方面的领导及专家一起决定。

第八节 适宜性原则

一、修复人员的专业素质适宜

古籍修复人员除需具有一定水平的专业技术和修复经验外，还需有很好的个人修养。综合起来讲，专业技术、文化素养及心理素质等比较优秀的人，才适宜从事古籍修复工作。从事古籍修复的人员，对于传统修复技术及工艺应比较熟悉，并且能熟练掌握操作。古籍修复工作的性质决定修复人员要有较高的文化素养。古籍是我国存世最早的古代文献，其文献价值、资料价值之高是不言而喻的。要做好古籍修复工作，修复人员应该有较高的文化水平。如果修复人员的文化水平有限，在保护文献的真实性，特别是保护文字的真实性方面就会打上一个很大的折扣。较高的文化水平能够帮助修复人员认识到自己肩上责任的重大，加深对修复工作重要意义的理解。要做好古籍修复工作，修复人员的个人心理素质是十分重要的。遇到破损程度高、破损量大的古籍，要平心静气，坐下来慢慢修复。在古籍修复的整个过程中，修复人员从始至终都要保持一个良好的心态。

二、适宜的修复环境和修复材料

要做好古籍修复工作，一个良好的工作环境是非常重要的。每个工作岗位的使用面积不应小于 10 平方米，工作间最小面积不应小于 30 平方米。室内自然光线应充足。工作台案的规格最好不要低于 90 厘米×180 厘米。室内有给排水设施及加热用的电源。工作间应有通风及空调设施。门窗要有良好的密闭性，室内温度最好能控制在 20℃～24℃，相对湿度在 50%～60%。修复所用材料也要适宜，最好选择强度相应、薄厚相仿、柔软适度的手工纸等，这对保证古籍修复质量起着决定性的作用。采用的技术方法、措施不得对古籍产生任何副作用或损害。只有在经过严格的科学实验和经验证明是有效的情况下，方可使用新技术对古籍用纸进行加固。

第九节　相似性原则

相似性原则指的是修复材料、黏合剂、修复技法要与原有古籍相似。修复材料使用的纸张要与古籍整体颜色协调、相近，但不要求颜色完全相同。纸张结构和薄厚应与古籍原件的纸张类似。古籍修复工作中使用的黏合剂就是传统的糨糊。为保证工作质量，最好用小麦淀粉制作糨糊。使用小麦淀粉制作糨糊修复中国传统古籍是经过历史检验的，已有上千年的历史。长期的修复实践证明小麦淀粉糨糊是安全可靠的。古籍的修复应尽可能与古人的修复方法相似。例如，古人制作古籍时可能还没有创造上墙绷干技术，这一点从古籍的装帧形式即可清楚地看出来。例如，绝大部分的敦煌卷子打开以后并不是直的，由于书页宽窄不一，有的卷子甚至呈明显的弧形。所以，我们在修复古籍的时候，不要在修补好后将古籍贴在木墙上绷干，这样既能保留古籍的原始面貌，又能避免绷干时由于修复环境的原因对古籍造成损伤。

第十节　规范性原则

要保证上述古籍修复原则能够实施并指导修复工作，制定相应的规章制度是十分必要的。

一、交接制度规范

要保证古籍修复工作顺利完成，一定要建立必要的交接制度。这包括两方面的内容：与库房的交接和组内交接。与库房的交接应有比较详细的交接记录，记录应为两份，其中一份作为善本特藏修复组修复工作记录。

二、档案数据规范

修复档案的登记要规范登记项目、记录语言、记录形式等内容。其中包括古籍书目著录数据、外观描述有关数据、附件情况破损位置、破损原因、破损程度的有关数据，以及修复要求、修复方案、修复过程等。

三、保管措施规范

古籍在修复过程中的保管工作非常重要，既不能丢失，也不能出现错乱，否则就会造成麻烦。待修古籍必须放进专用保险柜保存，而且保险柜应与工作间隔离。

四、技术与质量验收规范

按照文化和旅游部颁布实施的《古籍修复技术规范与质量标准》执行。

修复古籍的目的是延长古籍的使用和保存寿命，以便更好地研究和利用。古籍修复为长期保存创造了条件，也为研究、使用奠定了基础。为保证古籍的正常流通和有效利用，必须加强古籍修复工作。古籍修复的情况比较复杂，必须针对古籍不同的破损状况区别对待，在修复过程中若能坚持贯彻上述原则，对做好今后的古籍修复工作不无裨益。

第三章　古籍修复所需设备、工具与材料

孔子说："工欲善其事，必先利其器。"要做好古籍修复工作，必须准备一些必要的设备与工具。只有设备齐全、工具合适，再加上丰富的材料、高超的技艺，才能在修复古籍时做到得心应手。

第一节　古籍修复所需设备与工具

一、修复设备

（一）工作室

工作室应光源充足，但要防止太阳光的直接照射。因为在修补书籍时，一字一格都必须核对正确整齐，不容歪斜差错。镶书、铺纸、齐栏等工序也必须做到页与页之间上下一致。这些都必须拥有充足的光线才能做好工作，保证装订书籍的质量。为了使装订室光线充足，必要时可多安装玻璃窗。但是，任何书籍的纸张都是不能被日光直接照射的，同时工作时亦不能在强光直射下进行。因此，工作室的窗子可以镶嵌带有凹凸面的玻璃或毛玻璃。如果条件有限，不能改换玻璃，也应在玻璃窗上涂抹白漆或白粉。除了自然光源之外，人工照明也应注意，应该做到灯光的光线均匀、分散，无论如何都不能用没有遮盖罩子的灯泡，以免发生炫耀眼睛的情况。

工作室要有空调，温度可控。如果没有空调设备，在自然调节温度、自然通风的情况下，特别注意夏日开窗通风、冬日取暖问题。夏日天气炎

热，需要开窗通风或安装电扇时，均不能直对工作案或工作桌，防止吹乱上面的零散书页和补书用的纸张。冬日开放暖气时，应把温度控制在15℃～16℃。温度如果太低，容易使装订用的糨糊冻结，减少黏性，不便使用，还会使修补的书页难以干燥，对后续工作不利。温度如果太高，容易使绷在纸壁上的书页干裂，或者使已修补过的书页膨胀，起伏不平。

工作室要有上下水。安装直通自来水的冲洗池，以便冲洗工具。每个工作室应放置1～2个书架，可以把应装修或已装修好的书放在书架上。书架高203厘米、阔100厘米、深40厘米，可分6层，每层高28厘米。同时，还应有一个安装锁钥的书橱，贵重的善本书应放在书橱里，以免发生意外。

图3-1　书（纸）橱

（二）工作台

工作台有两个，即操作台和补书台。

古籍操作台，俗称案子，用结实耐用的木材制成，一般长180厘米、宽100厘米、厚约2厘米，台脚的高度为78厘米左右。台面要求平整、光滑、不漏水、不爆漆、耐水、耐烫、防酸、防碱。桌面颜色以红色为宜，能与所修补的黄、白色书页做明显区分。使用工作台时，不得直接放置带有酸性、碱性的化学腐蚀剂，也不能放置墨水、颜料等，同时避免刀及其他硬物损伤台面。台面要保持洁净，用后用细布擦洗并清除糨糊疙瘩。如有损坏龟裂，要及时修理。工作台应设有抽屉，以存放工具、材料。

补书台是由优质钢制作桌架，外形结实耐用；设12伏安全电压，内置节能LED柔光护眼冷光源，发光均匀稳定，无极触摸调光，低电压、弱电流，安全可靠；台面可多级倾角调节，桌体中部配有大容量储物隔层空间和耐压划8毫米厚安全钢化玻璃面板（带定位刻度标尺）等。

图3-2 操作台

图3-3 补书台

图 3-4 古籍修复台

（三）纸壁

纸壁，俗称大墙，有移动和固定两种。固定的是钉在墙壁上用来贴板、绷平书页、书皮或托纸、镶料染色上壁贴平和晾干等，大小高度可根据工作需要和工作室面积而定。纸壁上不能有铁钉露出，四周须留出适当的空间以防潮。墙面要平整、光滑，纸壁黏合要结实、不空壳。纸壁经长期使用以后，常有纸屑和纸边粘在壁上，造成壁面不平，所以隔一段时间就要修整一次。修整时，用清水洗刷，把壁上粘的纸屑、纸边刷洗干净，再糊以白纸整旧如新，以便继续使用。移动大墙是用夹板、复合板制作的。

图 3-5 纸壁

（四）恒温恒湿柜

修补古书的工作室必须对温湿度加以控制。气温过高，容易使修补的书页膨胀而起伏不平，糨糊也容易发酵变质；温度太低，会使修补的书页难以干燥，糨糊容易冻结，缺乏黏性。空气太湿，容易使修补的书页发霉、难干，染纸也容易跑色；太干燥，则易使书页绷裂损坏。

为满足修补工作室对温湿度的要求，古书修补量较大的单位应设置恒温恒湿设备，温度应控制在－3℃～3℃为宜，湿度应控制在 40％～50％为宜。没有这种设备的，应设置喷雾和通风设备，至少也应经常注意温湿度的自然调节，夏日要注意开窗通风，冬日要严闭门窗或利用暖气或炉火调节室内的温湿度。

（五）压书机

压书机是用来压平书页的一种专用机械。将修好的书页锤平对齐后上下用木板夹住，放在压书机内压平。如果无压书机，可用石板等重物压平书页。

图 3-6　压书机

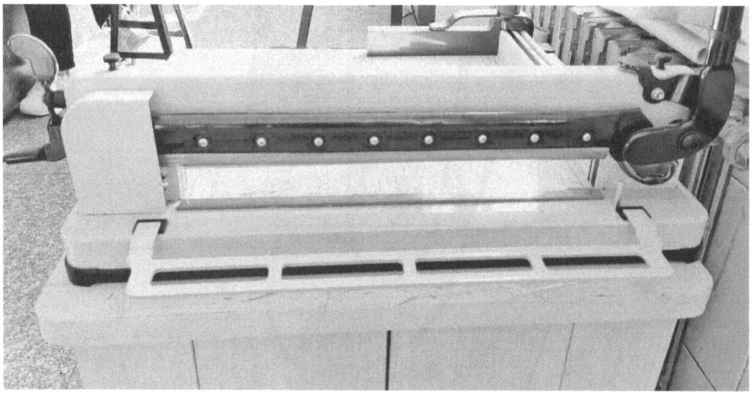

图 3-7　切纸机

（六）切纸机

切纸机是用来裁切册页、纸板等的一种专用机械。如果裁切书籍，只适用于用衬纸的方法修复的书籍。旧书，尤其是纸质较脆的旧书只能用手工裁切。

（七）其他设备

1. 湿度计

湿度计用来测定室内的干湿度。我国的专利产品——“相对湿度控制仪”，是一种控制室内湿度、防止书籍霉变和虫蛀的简单设备，比一般湿度计更实用。

2. 电炉

电炉用来熬煮糨糊。

3. PH 值测定仪

PH 值测试仪由传感器和二次仪表两部分组成，配上纯水和超纯水电极，可测试纸张的 pH 值。

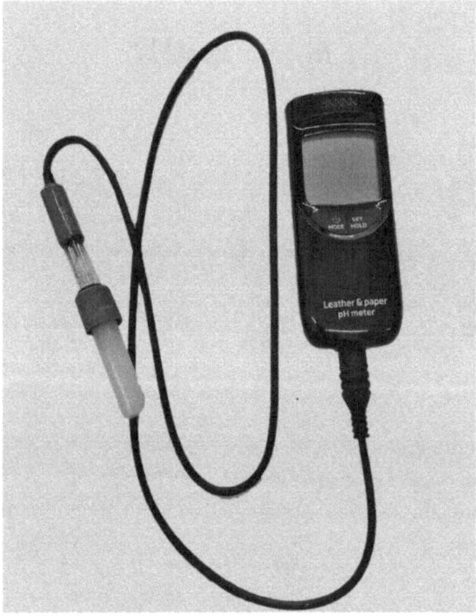

图 3-8　PH 值测定仪

4. 纸张测厚仪

纸张测厚仪用来测量纸张和纸板的厚度。

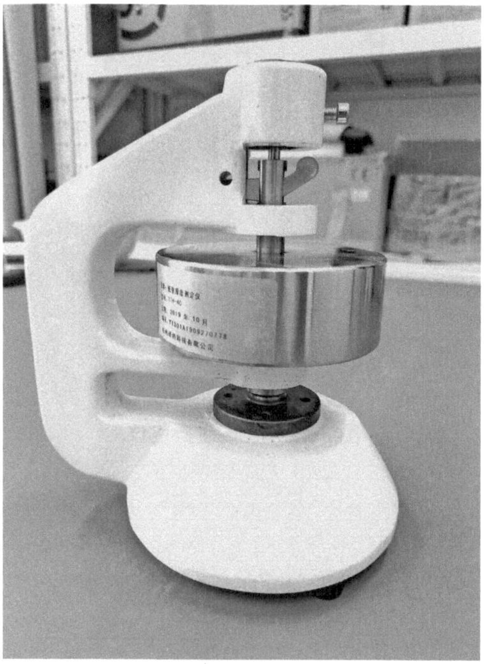

图 3-9　纸张测厚仪

5. 纸张耐折度仪

纸张耐折度仪是光机电一体结构，能够对被测试样品的对折次数进行自动计数。

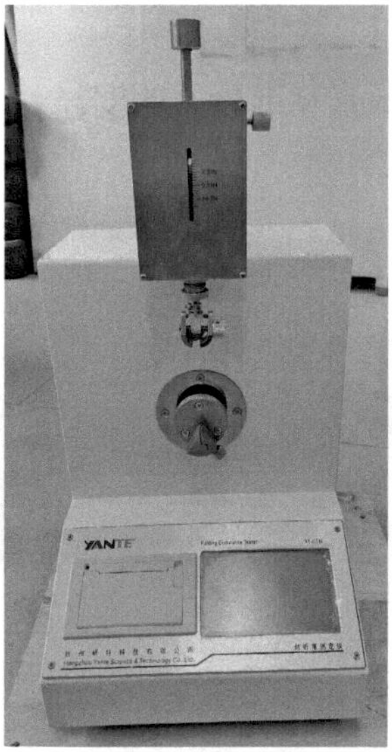

图 3-10　纸张耐折度仪

6. 纸张白度测定仪

测量纸张的不透明度，即纸张的白度值。

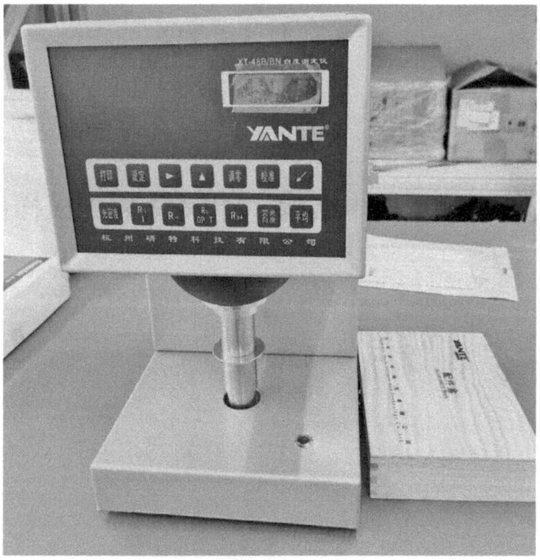

图 3-11　纸张白度测定仪

7. 手持紫外线检测仪

手持紫外线检测仪是一种常用于照明、检测和消毒的便携式电子设备。它使用紫外线（UV）光源发射的特定波长的紫外线，检测纸张涂层质量、荧光染料和污垢等。

图 3-12　手持紫外线检测仪

8. 色差仪

色差仪是一种简单的颜色偏差测试仪器，即制作一块模拟与人眼感色灵敏度相当的分光特性的滤光片，对样板进行测光，显示色差值。

图 3-13　色差仪

二、修复工具

（一）排笔

图 3-14　排笔

在修补托裱刷浆时使用排笔。有单支羊毫笔、多管羊毫笔两种。单支羊毫笔一般使用长锋大楷羊毫笔，用来补破；多管羊毫笔由若干支竹管羊毫笔并接而成，比较常见的有 6 管、8 管、20 管、24 管，用来托裱上浆。

排笔要求笔管排列平整，连接坚固结实；直径统一，约 1 厘米；笔锋毛长约 7 厘米，色白质净，柔软而富有弹性。

新买的排笔要对其稍作加工：将新的排笔放入盆内用温水浸泡，把笔锋泡开，晾干，清除其中的杂毛。在竹管与羊毛的交界处倾入少许清漆或胶水，加固羊毛与笔管的黏合部位，防止脱毛、笔锋脱落。

使用排笔时，用右手大拇指和食指捏住笔管上端，其他三指靠住食指，右笔角抵住掌心，这样就能把好排笔。掌握和运用排笔时，要善于灵活使用手腕的劲。排笔行走时，只能用笔锋的三分之一，不可用笔肚和笔根。行刷时，笔杆微斜，落笔要轻。排笔蘸浆不可过多，因为纸面受湿过重容易被拉破。

排笔宜阴干保存。使用后的排笔洗净后不能放在太阳下晒干，应放到阴凉通风处晾干。可将排笔的笔锋浸在新鲜的浆水中，使排笔一直保持湿润，待第二天再使用。托裱修补文献，最好使用旧排笔，因其杂毛都已掉尽，用起来较得心应手。

（二）棕刷

图 3-15　棕刷

棕刷也称排刷，托裱刷纸时使用，用细而匀的棕榈丝扎制而成。棕刷要求棕丝编结整齐不乱，扎结紧实不松散，软硬适中，富有弹性。

新的棕刷使用前需做开锋处理：先将棕刷的棕锋修剪平齐，两侧修剪出一些小弧度；再将棕刷放在粗砂纸或磨刀石上反复刷磨棕锋，使弧度圆滑不涩；接着用细砂纸刷磨，使棕锋头圆滑，这样使用起来不易将纸刷毛、刷破；然后把棕刷放在盆里用碱水浸泡一会儿，之后放在锅里煮 20 分钟，将棕丝里的棕粉清除干净，以免使用时让原件和纸染上黄渍；最后用清水漂洗干净，晾干。

每次使用前，须将棕刷浸浸水，使其柔软些，行刷时才不容易将纸刷毛或刷破。使用后，将棕刷洗干净晾干待用。

（三）刀具

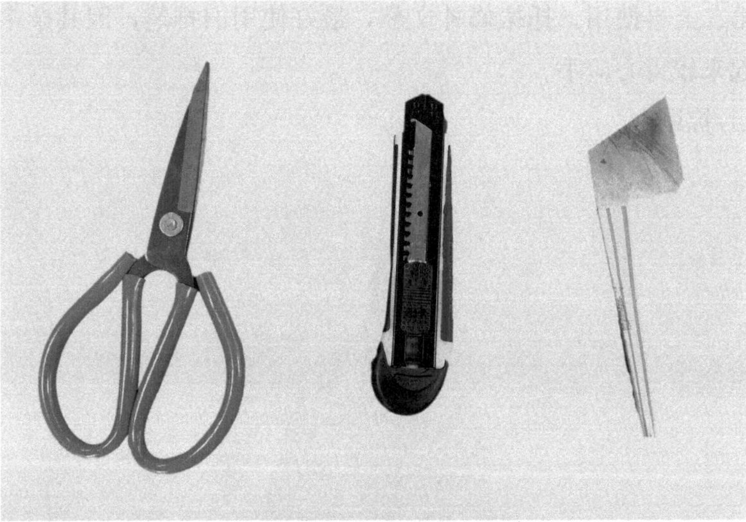

图 3-16　刀具

刀具用来裁切纸张，剪平书页，修补纸的余边，剪断绢、绫、丝线等。一般包括美工刀、马蹄刀、剪刀等。美工刀有多种用途，新刀口锋利无比，刀口用钝了，可以掰掉上部再继续使用，省了许多磨刀工夫，但裁切厚度较大的纸就不太方便了。马蹄刀形状如马蹄，易磨耐用，分大、小号，刀刃平直，刀口呈斜坡状，尖角约 45 度，用来裁割纸张、书页等。剪刀有大、小两种，用来剪裁纸张，齐边加工绢、绫、锦及丝线等。

新买的马蹄刀都没有开口，使用时要先开口，把刀磨锋利。新刀开口，先用较粗一点的砂石、油石磨，然后用质地较细的磨刀砖磨。磨刀砖要先放在水里浸透，然后平放，即可在上面磨刀。磨刀不能急于求成。磨马蹄刀要先把靠裁尺的一面（即刀垂直时的左面）平放在磨刀砖上磨，然后将刀翻转过来斜磨。斜磨时，用右手大拇指、中指夹住刀背，把刀斜放在刀砖上呈 45 度角，蘸水来回推拉；刀口从头到尾受力要平均，推出去时稍用力，拉回时轻一点。磨出的刀，斜度边宽要保持平直，如同直线，不能有卷口，也不能有凹斜的弧度。磨刀砖如果出现凹形，需要将它放在水泥地上蘸水磨平，这样才能磨出好刀。

（四）板类工具

1. 裁纸板

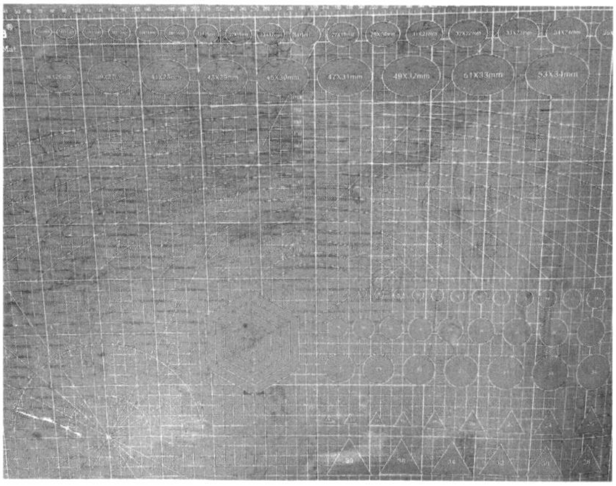

图 3-17　裁纸板

PVC 材质双面切割垫板，长 30 厘米，宽 22 厘米，厚 3 毫米。使用裁纸板，能够保护刀片，延长刀的使用寿命，使切割更加便利、顺畅；不用尺子就可以在切割板上轻松切出直线；保护桌面，避免桌面被各种锋利的工具划伤，避免胶水和油漆污染桌面。

2. 锥板

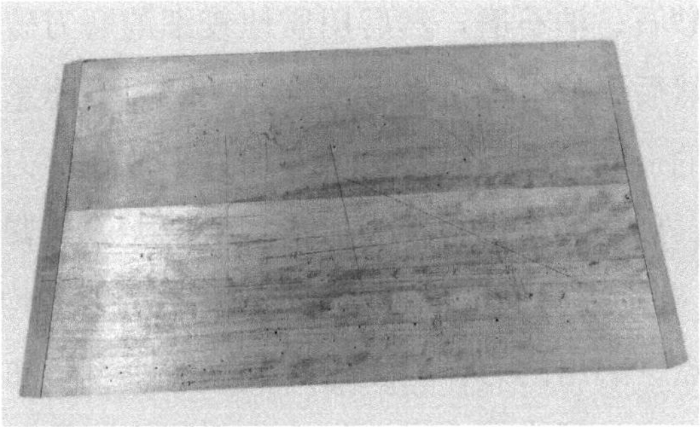

图 3-18 锥板

在打眼时垫用锥板，用杨木、椴木、银杏木等制作，规格一般为 60 厘米×40 厘米×3 厘米。三夹板或五夹板亦可代用。

3. 葛板

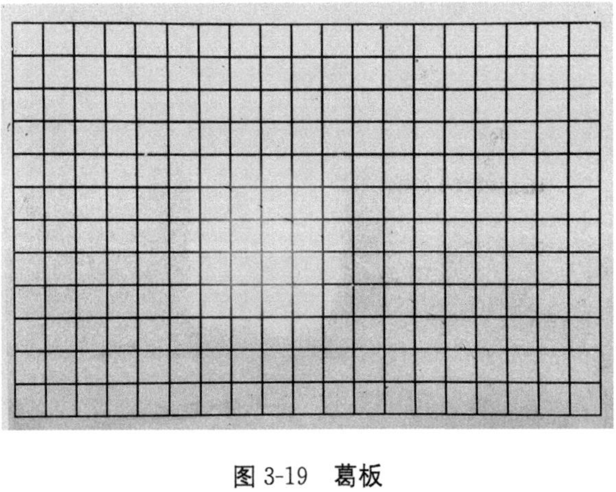

图 3-19 葛板

补书时，用葛板铺垫书页。葛板用几层硬纸板粘合而成，四周由布包边，两面糊以白纸。三夹板或五夹板亦可代用，表面刷油漆。

4. 夹板

图 3-20　夹板

夹板用樟木或楸木等制作，压书或打磨书页时用作夹具，要六面光洁，以免损坏书页。须备有各种尺寸，要比夹压的书籍稍大一些。

（五）镊子、小针锥、铁锥子、竹刮子

1. 小针锥

补书页、扎眼等用小针锥。可自行制作，需约 5 厘米长的圆木 1 根、缝衣针 1 根，将针的尾端插入圆木内 2 厘米左右即可使用。

2. 镊子

揭书页、补书页时挑除杂质和多余补纸用镊子。镊子的头为斜面尖头。

3. 铁锥子

下捻订线打书眼用铁锥子，钢制材料，长约 12 厘米；一端为长约 2 厘米的宽扁状（也可圆状），便于锤打和拔起锥子；另一端为长约 10 厘米、直径约 0.2 厘米的圆尖状。

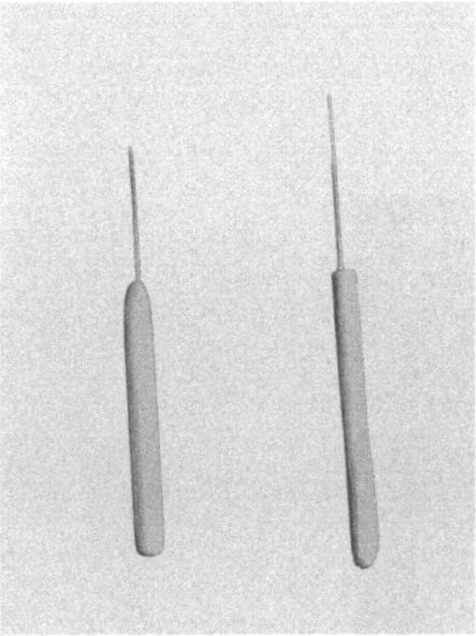

图 3-21 小针锥

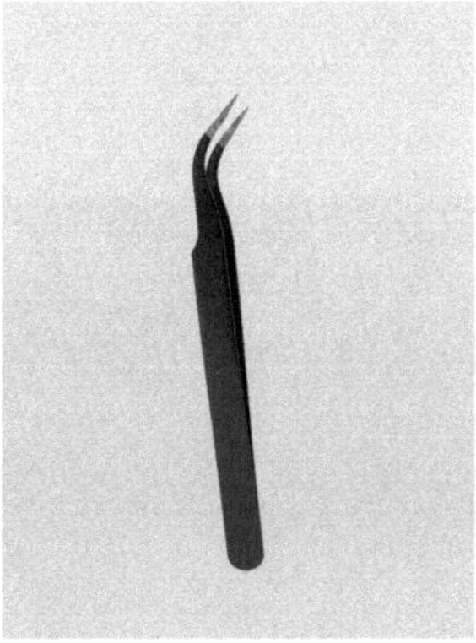

图 3-22 镊子

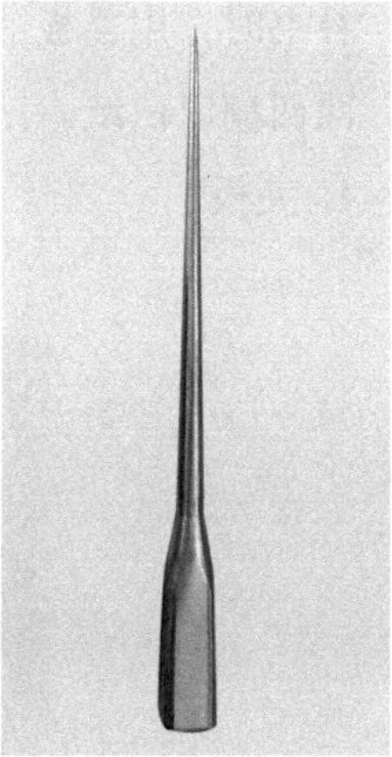

图 3-23 铁锥子

4. 竹刮子

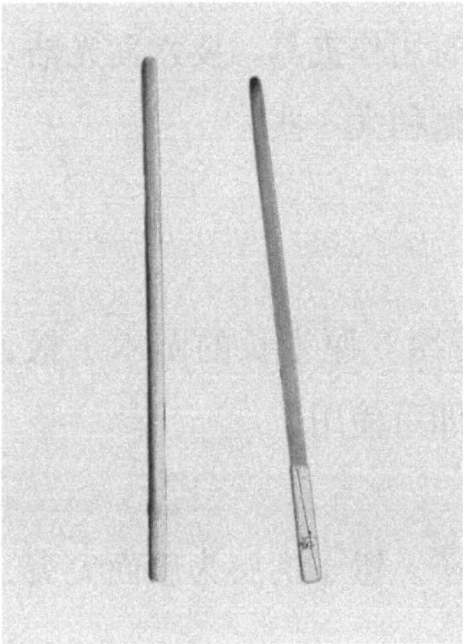

图 3-24 竹刮子

书页折页时刮平书页、起取贴板上的书页用竹刮子。以竹片制作为多，一般可自行削制，长约 30 厘米、宽约 1.5 厘米，一端为便于手握的光滑的半圆形柄，到另一端逐渐扁平，将顶端放在竹节处以增加牢固度，避免劈裂。起子一般需备两个，小的起子一端的起尖处的竹片厚度不超过 0.1 厘米，用来揭破烂书页和较薄的裱件；大的起子一端的起尖处的竹片厚度约 1.5 毫米。

（六）锤类

1. 平面铁锤

捶书用。铁锤安有木棒，锤底 3 厘米，见方要平，钢顶最好，上端略小，高 7 厘米。

2. 棒槌

棒槌，又名敲槌，下锥打眼用。用枣、榆等硬木制成。扁圆形，一头宽 5 厘米，一头稍窄约 4 厘米，长 32 厘米，厚 4 厘米。

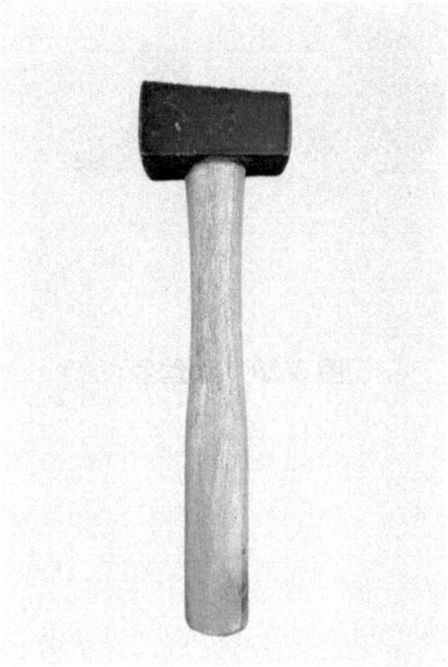

图 3-25　平面铁锤

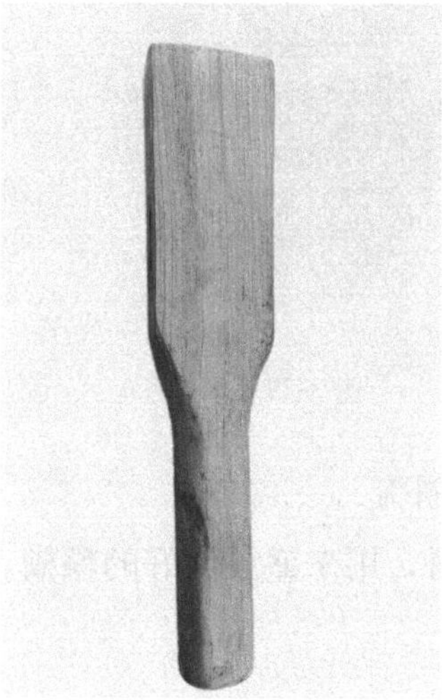

图 3-26　棒槌

（七）制糨糊工具

1. 大盆

搪瓷、玻璃、陶瓷制品均可。

2. 水缸或陶钵

用来洗面筋、沉淀小粉等。

3. 钢丝小箩或绢箩、马尾箩

用来过滤小粉、糊，也可以用纱布代替。

4. 搅糨糊棒

搅拌糨糊用。

5. 铝锅

熬制小粉糨糊用。

6. 糨糊盆

捣制糨糊和存放糨糊用。

图 3-27 水缸

图 3-28 钢丝箩

7. 糨糊碗

补书时，用来盛放调好的糨糊。

图 3-29 糨糊盆和糨糊碗

8. 糨糊槌

捣糨糊用，圆形，用槐木、榆木等制成，锤头要平，利于捣捶。

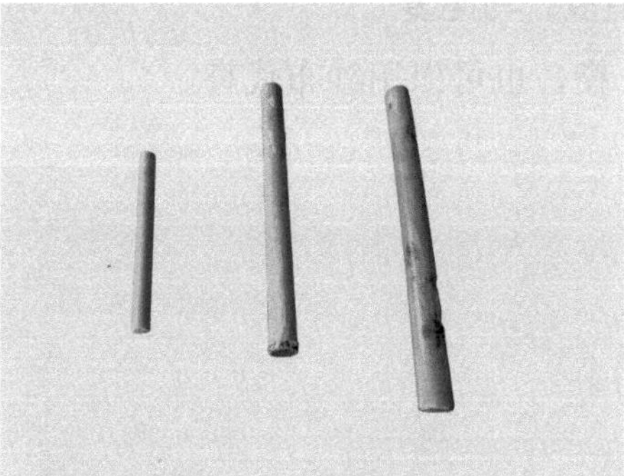

图 3-30 糨糊槌

（八）其他工具

1. 铅陀

压镇书页用，硬木或陶瓷、石制品亦可代替。

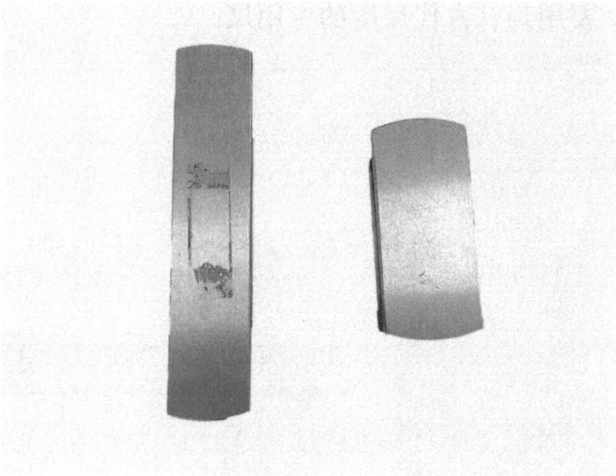

图 3-31　铅陀

2. 喷水壶

用来湿润纸张。

图 3-32　喷水壶

3. 骨簪

做书函套用的别子。

4. 量尺

塑料、木、金属制品均可，要有市制、公制刻度，供量定尺寸用。测量古书尺度时，要用刻有古代尺度的专用尺。

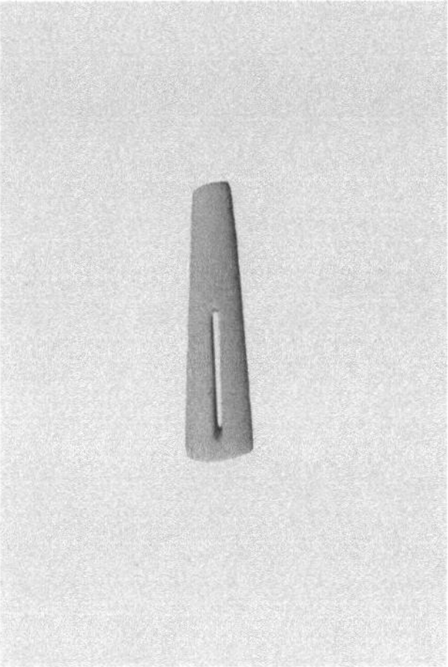

图 3-33 骨簪

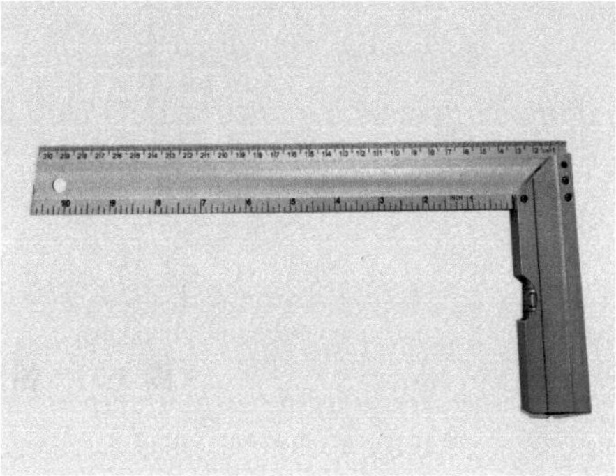

图 3-34 量尺

图 3-35 三角尺

5. 三角尺

订书时，用来比画规矩。塑料、木、金属制品均可。

6. 针线

订书用。针为缝衣针，线为棉线。

7. 划板尺

杉木制作，两边镶有竹条，用来裁纸、钉书或画栏，最好有长短几种规格。

图 3-36　针线

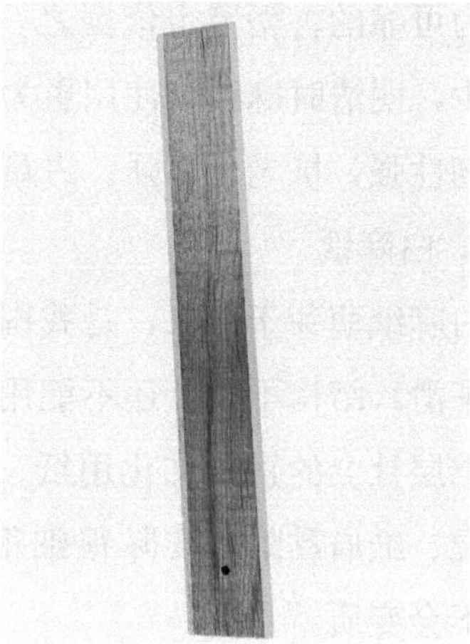

图 3-37　划板尺

第二节　古籍修复所用纸张

一、古籍用纸的种类及特征

纸是我国四大发明之一。西汉时期的劳动人民发明了麻纸制作技术，到了东汉，蔡伦加以改进，发明了以树皮、旧麻布、旧渔网为原料的“蔡侯纸”。之后，皮、竹、草等均可用来造纸。由于造纸原料的不同，大致将古籍用纸分为三类加以介绍。

（一）麻纸

麻纸的原料有苎麻、大麻、亚麻等，统称麻纸。麻纸是中国古代制作图书典籍用纸之一，是一种大部分以黄麻、布头、破履为主材料制作的强韧纸张。用麻纸写书印书，始于西汉，盛于隋唐，衰于宋元，绝于明清。麻纸的特点是纤维长、纸浆粗、纸质坚韧，即使历经千余年，亦不易变脆、变色；其抄纸帘纹间距二三厘米、三四厘米、五六厘米；有的横帘纹和竖帘纹相交，间距竖约一指半；背面未捣烂的黄麻、草迹、布丝清晰可辨；

可作为可靠的古籍鉴定依据之一。隋唐五代时的古籍多用麻纸，宋元时使用渐少，明清时麻纸的使用更为稀少。麻纸面无光，纤维束较多，易着墨，纸质韧性强，抗老化亦强。古籍所用麻纸主要有以下几种：

1. 白麻纸

白麻纸萌芽于西汉，是我国最早的植物纤维纸。初期纸质白度差，表面不平滑，结构不紧，还不能用来写字。至东汉时才用于书写，隋唐时期成为上层社会的重要文化用纸。白麻纸正面洁白光滑，背面略显粗糙，有细草棍、纸屑黏附，实际很细很薄，质地坚韧，耐久性很强，如不着潮，经久不会变质。

2. 黄麻纸

白麻纸入潢即成黄麻纸，可以驱虫，是我国最早的染色纸，始于晋，唐代广为使用。黄麻纸，色略黄，有的比白麻纸略厚，其性能与白麻纸相仿，看起来更显粗糙一些。

3. 藏经纸

唐宋元时期用黄檗染色而成，写刻佛经专用，故称藏经纸。其中的用料麻、皮、竹均有。藏经纸分厚、薄两种，薄者也较一般纸厚，没有光蜡，厚而不硬，作为装裱珍贵善本书用。在传本古籍中，唐以前的纸写本已经很难看到，时间较早的纸写本要算唐人写经和刻印的佛经，多用藏经纸。藏经纸黄褐色，如茶色，略有棉性，质地厚硬，不透明。唐人所写佛经、道经，与宋、元、明刻印的释道藏经多用这种纸，藏经纸名称的由来可能源于此。用藏经纸印刷书籍，传本中很少见。

4. 硬黄纸

始于唐代，采用黄檗染色，两面加蜡砑光而成，是专门用来摹写佛经的名纸。宋代演变成一面加蜡砑光的金粟山藏经纸。

（二）皮纸

皮纸主要以树木韧皮纤维为原料抄造。一般来说，皮纸包括构皮纸、桑皮纸、雁皮纸、三桠皮纸（又叫山棉皮）、柳构皮纸、纳西族的东巴纸、藏族的狼毒草纸等。原料主要有两类，一类是桑科植物构树、赭树、桑树，另一类是瑞香科植物瑞香、结香、滇结香、荛花、狼毒草。

皮纸中的构皮纸所见最多，由于构树和楮树都属桑科，二者不易区分，习惯上认为是同一种树，所以一般将此两种皮料所抄纸张都称为构皮纸，约起源于汉代蔡伦时，后世闻名的澄心堂纸就是构皮纸，在文献中常被称为绵纸。皮纸始于东汉，逐渐取代麻纸成为纸中之首，主要产自浙江、安徽、河北等地。其品种较多，一般称纸质较细、制作精良者为绵纸或宣纸；而纸质稍粗，纤维束较多者为皮纸。

1. 绵纸

白绵纸以树皮为主要原料，纸质绵软耐折、拉力强，纸破丝连，故名绵纸。明以前主要产自江浙地区，清以后渐变为仿宣纸一类产品，通称宣纸，可用作裱书、搓纸捻、溜口纸条等。黄绵纸是由白绵纸染色而成，贵在防蛀。黑绵纸色呈黑黄，韧性稍差。明代前期印书多用绵纸。嘉靖以前所产绵纸比较细薄，隆庆以后就稍显粗且厚，用绵纸印书的也大为减少。清初少有用绵纸印本，以后就更少见了。

2. 高丽纸

高丽纸又名鸡林纸，是以桑皮为主料的阔帘白皮纸。产在朝鲜，宋代传入我国，清代生产仿制品，多用作书皮纸。高丽纸色洁白，有厚薄。厚者韧而坚固，两面光泽如一，可分层揭开，帘纹间距竖宽横密；薄者较少，隔纸见物，帘纹同厚者，纸面可见明显的交结紧密、发亮的纤维束，酷似蚕茧所造。

3. 日本皮纸

日本皮纸以树皮为原料，按厚薄分为两种。厚者韧性强，纸质坚固，纸色白，又称东洋绵纸；薄者俗称日本美浓纸，纸色洁白，细薄均匀，帘纹较宽，纸面光滑，绵软而有韧性，在日本被广为使用。

4. 草茎纸

草茎纸以皮料为主、草茎为辅的一种混料纸，始于元代。纸色淡黄，薄如蝉翼，绵软有韧性，多纤维束；夹有如同发丝的草茎并呈黑褐色，隐帘纹较宽，古书中颇为少见。

5. 毛头纸

毛头纸以草为主、辅以树皮的一种混料纸，产于河北省迁安市，又名迁安纸。其色多为灰白，质地厚薄不均；夹有草棍，发涩，背粗糙呈疙瘩状，隐帘纹。

6. 开化纸

开化纸又名桃花纸，因产于浙江省开化县而得名。其纸虽薄却韧性极强，虽有帘纹，但不明显。开化纸始于明代，清初至乾隆年间大量应用，被列为名贵纸品，专供清廷和扬州书局印书。开化纸洁白细腻，薄而有韧性，再加上雕版精良，所以印出的书真正称得上纸白墨黑。大藏书家陶湘喜欢用开化纸印书，人称“陶开花”。

开化榜纸，产于开化县，用料同开化纸。其特点也与开化纸相似，但比开化纸厚，纸色白而发暗，隐帘纹。

混料开化纸，以草为主、辅以树皮的混料纸，多见于雍正年间到清后期的殿版书。纸色微黄，隐帘纹而质粗、有韧性，厚薄均匀，面平滑，背稍涩；含较多纤维束而带黄色斑点，这是因为纸浆中含有稻草，虽产于开化，但其质不及开化纸和开化榜纸。

7. 宣纸

宣纸源于唐代的宣州贡纸。其料是青檀皮，实为绵纸或皮纸。原产于安徽泾县（原属宁国府，产纸以府治宣城为名，故称“宣纸”），现主要产于安徽泾县。此外，泾县附近的宣城、太平（今黄山市黄山区）等地也生产这种纸，是中国古代用来书写和绘画的纸。宣纸源于唐代，历代相沿。到宋代，徽州、池州、宣城等地的造纸业逐渐转移集中到泾县。当时，泾县为宁国府管辖，宁国府治在今宣城，宣城为宣纸业集散地，所以这里生产的纸被称为“宣纸”，亦有人称“泾县纸”。由于宣纸易于保存、经久不脆、不会褪色等，故有“纸寿千年”之誉。宣纸具有“韧而能润、光而不滑、洁白稠密、纹理纯净、搓折无损、润墨性强”等特点，并且具有独特的渗透、润滑性能；写字则骨神兼备，作画则神采飞扬，成为最能体现中国艺术风格的书画纸。所谓“墨分五色”，即一笔落成，深浅浓淡、纹理可见，墨韵清晰、层次分明，这是书画家利用宣纸的润墨性控制了水墨比例，运笔疾徐有致而达到的一种艺术效果。19 世纪，在巴拿马万国博览会上，中国宣纸获得金牌。宣纸除了用来题诗作画外，还是保存高级档案和史料的最佳用纸。我国流传至今的大量古籍珍本、名家书画墨迹大都用宣纸保存，依然如初。宣纸品种很多，用来印书的主要有绵连、罗纹、单宣等。

唐代的宣纸用楮皮为原料，以质地细腻柔韧、洁白平滑而著称。明代制作宣纸时改用 100％的檀皮制造。从清代开始，制作宣纸时，在原料中掺入一定数量的稻草。现今，一般把 80％的檀皮、20％的稻草制成的宣纸称为“特净皮”，把 60％的檀皮、40％的稻草制成的宣纸叫作“净皮”，把 30％的檀皮、70％的稻草制成的宣纸称为“绵料”。

8. 单宣

单宣又称料半，厚于绵连，有帘纹，其质次于绵连。

9. 绵连

由皮料发展而成，质地细薄，色白如玉，柔软耐折，有帘纹；可做补书、护页、镶书和衬纸、染书皮等用。

10. 罗纹纸

纸色洁白，其质地、厚薄同绵连，但横纹深而清晰，宛如丝织罗绸一样，故名“罗纹纸”；可以做护页或染色后裱书皮用。

11. 雁皮纸

雁皮纸是用雁皮制成的薄型皮纸。雁皮别称山棉皮，古名蒲仑或荛花。此纸原产于日本，后传入我国浙江温州、杭州、衢州等地，现在福建、湖南、江西和台湾等地都有出产，可用来做衬纸或护页。

12. 纱纸

纱纸实际就是构皮纸，主要产于广西都安、马山。因当地人称构树为纱树，所以此纸又叫纱纸。此纸幅面较小，纤维坚韧，国家图书馆珍藏的《赵城金藏》就是用纱纸修复的。

13. 狼毒纸

狼毒纸产于西藏，是用狼毒草的茎根为原料用浇纸法制成的。由于狼毒草中含有的化学物质可杀虫，所以此纸防虫防蛀。狼毒草本身的纤维含量并不高，但在西藏地区分布很广，在其他造纸资源缺乏的情况下，使用狼毒草造纸就成了当地人的最佳选择。直到今天，这种纸还在制造使用。

14. 桑皮纸

桑皮纸用桑树皮制造，全国大部分地区均有生产。国家图书馆近年在安徽定制了一批薄型桑皮纸，纸的厚度仅为 0.01 毫米，用来修补古书的书口，效果比较好。

（三）竹纸

竹纸始于宋代，南方的毛竹、苦竹、淡竹、麻竹、篁竹是其主要原料。竹纸成本低，一出现即取代皮纸而居首位。竹纸厚薄适中，其色有黄、白两种，以淡黄色居多；面平滑，背稍涩，夹有沙粒和草棍，韧性差而脆；帘纹宽窄都有，随年代变化为二指至一指。

顾名思义，竹纸就是以竹子为原料造的纸。我国四川省夹江县和浙江省富阳区为竹纸的重要产地。竹纸种类繁多，常见的有毛边纸、毛太纸、元书纸、玉扣纸、连史纸，传统的富阳和夹江纸也属竹纸。以嫩竹为主料生产的夹江手工书画纸具有洁白柔软、浸润保墨、纤维细腻、绵韧平整等特点，被人们赞曰“淡画不灰，淡泼浓、浓泼淡，诗有烟霞气，书兼龙虎姿”。其与安徽宣纸齐名，曾被国画大师张大千先生赞为“国之二宝”。竹纸种类较多，常见的有以下几种：

1. 连史纸

连史纸是明清闻名一时的精良竹纸，以嫩竹为料，又称竹料连四纸；产于福建、江西两省，色洁白，面光滑，背稍涩，没有草棍、毛屑黏附，帘纹约一指；多见于清乾隆以后的书籍，为现代古籍修复的必备纸。

2. 毛边纸

明代的毛边纸产于福建、江西两省，以嫩竹为料染黄色而成，不防蛀。纸质较细，色淡黄，厚薄适中而脆；面光滑，背稍涩，吸水性较好，隐帘纹；毛氏汲古阁本多用此纸，一般旧书裱书皮、衬纸、补书等都用此纸。

3. 建阳扣

建阳扣又称麻纱纸，宋代产于福建建阳而得名；因建阳麻纱书坊印书皆用此纸，故称麻纱纸。建阳扣是一种用山椒染过的防蛀竹纸，纸色黄褐，厚薄得中，面平滑，背稍粗，夹有较多的草棍和毛屑，呈黄褐色或黑色；纸薄有光，抖之有响声。

4. 毛太纸

毛太纸的产地、纸色与毛边纸同，但较毛边薄，色也较暗；面不光滑，但较柔和，为现代古籍修复的必备纸，毛氏汲古阁亦多用此纸。

5. 太史连纸

太史连纸，始于清代，康乾年间用来印刷殿版书的一种精致竹纸，乾隆以后用这种纸印书较少见；色淡黄，质细薄，面平滑，背稍涩，没有草棍、毛屑黏附，隐帘纹，抖之有响声。

6. 万年红

明清时期，广东刊行的线装书在其扉页和封底均衬有这种纸，成为广东刊本的特征。其色橘红可防虫，又称防蠹纸，采用毛边或连史纸涂上砒霜等染制而成。

7. 粉连纸

清代产于福建的竹料纸。年代晚于连史纸，质厚而粗糙，色发暗，性脆，有帘纹。一般普通旧书的镶衬多用粉连纸。

8. 机制有光纸

清光绪年间生产的一种机制纸，其用料是进口纸浆。清末民初，满文印本多用此纸。该纸酸性大，经久易发脆变黄，触之即碎，不可用作古籍修复用纸。

9. 还魂纸

还魂纸即再生纸，就是在造纸时加入一定量的用回收的旧纸制成的纸浆而造成的纸。这种纸的纸面上多有遗存的笔墨字迹及未充分打碎的小块旧纸等，一般用作吸水纸。

二、配纸

配纸是修复古籍中的一项重要工序。修补残破的书籍，首先必须将旧纸配好。因为书籍的纸型、颜色、厚薄及纸纹的横竖，各个年代各有不同，在配纸时都要照顾到。如果配纸适当，修补后的书页不易看出破烂的痕迹；反之，即使有高明的技术，经过精工细作，也难协调一致。由此可见，一部破烂书籍修补质量的好坏，是与配纸有很大关系的。

（一）旧纸的来源

一部糟朽破烂的书籍，如要把它补好，做到完整无缺，必须使用很多旧纸作为修补材料。因此，要注意搜集旧纸，并且充分利用修书时撤换下来的旧纸。例如，在修补一般普通线装书时，要把散下来的护页和衬纸集中保存起来，等到修书配旧纸时再取出使用。此外，还可以找一些废旧无参考价值的书，将天头、下脚及书脑等没有字的纸撕下来，作为补书之用。这种工作要随时注意积累，积少成多，将收集到的旧纸分门别类地保存起来以备日后使用。如果找不到旧纸，可用与书籍纸张厚薄相似的新纸，染成与书籍颜色深浅一致的仿旧纸以代替旧纸。

（二）配纸工作中的禁忌

在配纸时，不要在灯光下或黑暗的地方操作，因为受光线过强或微弱的影响，纸的颜色往往配不准，有碍书籍装修质量。

三、染纸

根据“整旧如旧”原则，古籍修复纸张的材质、颜色要与古籍一致，最好用旧纸配旧书。但是，旧纸存世越来越少，最好的方法是用材质一致的新纸染制成同样古色的纸张。选择染纸必须根据所补书籍纸张的厚薄而定，使补过的书籍薄厚一致，否则薄厚不匀，影响书的质量。

（一）染料

染纸用的染料不能用一般染布匹用的化学染料，因为化学染料染在纸上日久会发生变化，不仅使书籍的颜色不协调，而且损害书籍。古籍染料一般有植物染料和矿物染料两种。植物染料主要有藤黄、花青、橡碗子、茶叶、槐黄、栀子黄。矿物染料主要有土黄、赭石、徽墨、朱砂。

图 3-38　橡碗子

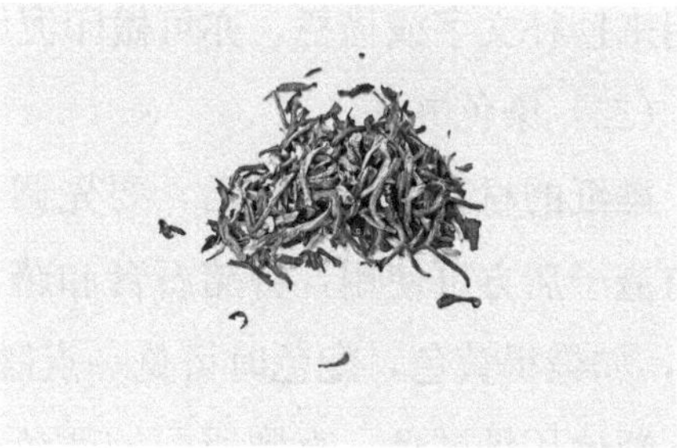

图 3-39　茶叶

藤黄，又名越黄、月黄，是藤黄树分泌的黄色树脂。藤黄树属藤黄科，为常绿小乔木，产于越南、泰国、印度等地。这种树的树皮被割破后，能像漆树一样渗出一种黄色树脂，干了以后即凝结为色泽嫩黄的管状藤黄，有毒性，可入药，也可以做染料。花青，又名“靛青”“靛蓝”“靛花青”“淀青”“蓝靛”，是一种由蓝蓼草（属于蓼科的草本植物）的叶子沤制加工而成的青色染料，浙江新昌、嵊州及上海黄渡等地均有出产。花青在我国应用很早，是我国民间印制蓝色印花布的主要染料，在修补古书中用来染制蓝色书皮，色泽古雅光洁，最为相宜。橡碗子是山毛榉科乔木栎树的果实。槐黄是槐树的花朵提炼加工而成的黄色染料，可以用来染制偏黄色的纸张。栀子黄是一种用茜草科灌木栀子（又称黄栀子、山栀）的果实提炼加工制成的黄色染料，既可作棉、毛、丝等织品的染色剂，也可用来染纸。

土黄是一种黄色的泥土，属矿物颜料，产于南京钟山，用其浓汁染制的纸张，古朴美观，气色两佳。赭石是一种矿物颜料，主要成分为三氧化二铁，赤褐色，是染制纸张和绫、绢等镶料的主要颜料。徽墨是我国制墨中历史悠久之精品，所用原料是桐油烟、猪油烟，加上广胶、麝香、冰片、梅片、金箔等成分制成，气味芳馥，光泽黑润，入水浸研，即可掺入其他染料染纸。古书修补中用途广泛的淡灰色纸张就是用徽墨稍加藤黄、赭石染制而成的。朱砂，又名辰砂、丹砂，是一种从石灰岩的朱砂原石中提炼的矿物颜料，主要成分为硫化汞，呈红褐色，鲜明艳丽，耀人眼目，四川、贵州、湖南、云南等地均有出产，古书修补中用来配合其他染料染纸，也可用来抄补文字或描栏，亦可做印泥原料。

（二）染色方法

染纸的材料准备齐全后，要先调制染汁。如用赭石，需要细研，研到没有渣子后方可使用，将赭石膏和藤黄用水浸化，兑水加入明矾和广胶各2%，如染褐黄色，配色时可兑一点徽墨，一定要徐徐地兑，在兑的过程中要不断地用纸试色，直到所配的颜色合适为止；用槐黄、栀子，须将其放在清水盆内，在火炉上煮开，煮时可兑明矾和广胶；用橡碗子时，要煮透才能将色煮出来，橡碗子染出来的纸张，颜色均匀古雅，而且永不褪色。凡用煮过的颜色染纸时，都要趁色水热时染，如果凉了，需要热一热，保持一定的温度再染。染汁配好了，染色方法主要有刷染、拉染、浸染三种。

1. 刷染法

把要染的纸三四张为一沓，平放在木板制的工作台上，然后用排笔蘸取染汁往纸上刷。刷色时，由浅到深，一层一层地加深，一直刷到适度为止。不能一次刷足，如果刷得颜色过重，就无法使用了。另外，排笔的运走不能东刷一下、西刷一下，而是要顺着纸纹一笔接一笔地刷，尽量把颜色刷得均匀。一沓纸刷完再放一沓，按前述办法继续刷染，等颜色都刷好了，就晾在竿上。晾至半干时，揭得薄一点再晾。就这样边晾边揭，揭成一张一张的。最后，压平备用。用边晒边揭的办法晾干的纸张，颜色均匀一致，如果一沓纸等全干了才揭，颜色会深浅不一，而且不容易揭好。

2. 拉染法

调制好染汁放到铁质容器里在火炉上煮开，将煮好的颜色倒在冲水用的木槽内，操作者持纸的一端，趁热一页一页地顺木槽拉纸染色，染后搭在竹竿上晾干即可。晾时，需要将纸分成三五页为一叠，待稍干后，再揭成一张一层，以便使纸干后颜色均匀；不然，干后颜色会深浅不一。注意煮过的颜色染纸时，要趁色水热时染，如果凉了，需要热一热，保持一定的温度再染。

3. 浸染法

这种方法一般用来染制绵纸。将绵纸一刀（100 张）平放在木槽内，用红茶或其他材料煎后倒在纸上，用手在纸上压一压，使水分浸透绵纸，然后置于通风处阴下或搭在竹竿上，晾干后即可揭开使用。有时也可揭成 10 余张一层，稍干之后，再揭成三五张一层，以便干得快，颜色均匀。

注意事项：配纸时，可将补纸置于书页孔洞下，仔细观察其合适与否，托裱用纸可稍薄一些。配纸应该贯彻“宁薄勿厚”、颜色“宁浅勿深”的原则。

图 3-40　刷染法

图 3-41　拉染法

第三节　糨糊的制作

糨糊是修补书籍的主要材料。糨糊质量的好坏，关系书的寿命。用没有黏性的糨糊修补书籍，不过数年其性即泄，粘补过的书页纸就会自行脱落，等于没有补。但是，用黏性过强的糨糊粘补已糟朽的书页，又会产生核桃形皱纹。书籍如再受损坏，因不能揭开而无法进行修补，其损失更大，所以古人多用白面、白汲水和楮树汁混合起来制造糨糊。用其粘缝，坚固异常，虽经数百年，其性不泄。古代的佛经等书都是厚纸，可以使用这种糨糊粘补。后来的书逐渐变薄，这种糨糊就不适用了。有的用白及水补书页，黏性过强，重修时虽用沸水浸泡，其痕迹仍难去掉，对修补珍贵的破烂书籍是不适用的。目前我们所使用的糨糊没有暴性，但有一定的黏性，因为用它修补的对象是古老的旧书，有的纸张已糟朽失去弹性，补好之后在干燥处存放，较长时间内不会泄性。如需要重修，用水喷湿即可揭开，对书籍没有损害。

一、制作淀粉

修书用糨糊的原料主要是从面粉中提炼出来的淀粉。淀粉的提炼方法：用上等面粉（富强粉）加水揉匀，揉成大块面团；将面团放在凉水盆中，两手用力在水中揉搓面团（也可以用一块细布将面团包起，放在水中揉搓，使面中糠皮、面筋不要漏出），每斤面大约揉搓、挤压、漂洗 30 分钟，面团里的淀粉即可全部洗净，沉在盆底，剩下的面团就成了面筋（粗而黏的面糊块）。一般较好的精白面粉可漂洗出 70％的淀粉。淀粉被洗出沉淀之后，须放在清水盆中 3～5 天，等清水变成较稠的黄汤，用净勺将黄汤撇出，更换清水与淀粉搅和均匀。经过 3 天左右，水又变成淡黄色。按上法再更换一两次清水，以清水不变色、能保持清汤为度，即可用之熬制糨糊。

淀粉在盆中可存放较长时间，制糨糊时，随用随捞。但是，在夏季，湿淀粉容易发酵，产生臭味。为避免这一缺点，可将淀粉捞出晾干，用时取一定数量的干淀粉加入一定比例的水调制。为了防腐，可以加入少量明矾。配制时，为保证糨糊的质量，可用磅秤衡量，其标准比例是淀粉1000克，兑水4500克，明矾3克。

二、调制糨糊

制糨糊时，将淀粉和水按比例量好，先取二分之一的水浸泡淀粉，使之成为稀粥状，然后用铜丝小箩滤去淀粉中的渣滓进行调制，调制糨糊有熬制和冲制两种方法。

（一）熬制法

将水倒入锅内，放入明矾，煮沸后，将泡好的淀粉倒入锅中，用搅糨糊棒不停搅拌，五六分钟后，锅内的糨糊变为半透明的银白色，即熟。用勺盛出，放在凉水盆中泡着，备用。熬糨糊的时间要根据炉火的大小来决定，注意不可过火，否则糨糊发脆，没有黏性；但也不可欠火，否则糨糊发白，而不是半透明的银白色，容易发散，黏性亦不足。糨糊熬熟后，泡在凉水中，夏日可放10余日，冬日放1个月不坏。使用时，用漏勺盛出，忌用手或用不洁的东西捞取，以免浸入霉菌。熬熟后的糨糊放在小盆内用木槌捣烂，徐徐兑入凉水，调制成牛奶状，即可食用。

（二）冲制法

取刚烧开的沸水徐徐冲入制糊盆，边冲入沸水，边用木棍顺着一个方向快速搅拌，使浆和沸水充分调和，直至浆由薄变厚、由白变黄，渐渐被冲熟，提起木棍，糨糊能拉丝；然后用木棍继续用力搅拌，直至发出亮光。待糨糊冷却后结成块，即成厚浆。如果冲浆后其颜色没有完全变黄，说明冲得不够熟，可以在浆中加入沸水捂一会儿，然后将沸水倒去，用木棍再继续用力搅拌，反复几次，直至颜色变黄，发出亮光。浆打好后，将浆面抹平，倒入一些清水，高出浆面2～3厘米。每天更换清水，这样的糨糊表面不会结皮硬化，又因水使糨糊与空气隔绝，不易发霉变质。

注意事项：捣糨糊兑水时，要徐徐兑水。兑水过猛，糨糊稀稠不均匀，有小疙瘩。冬日捣糨糊时，先用沸水将糨糊泡一泡，容易捣烂捣匀。调制糨糊的稠稀程度，须根据书的纸张厚薄区别对待。厚的白绵纸和开化榜纸、毛边纸等，须用稍稠一点的糨糊，否则粘不牢固。较薄的绵连纸、开化纸、毛泰纸等，须用稍稀一点的糨糊，否则纸页容易发皱。糟朽的书页，其纸性已失去弹性，必须使用稀糨糊，如果使用稍稠的糨糊，由于涩笔，容易将书页随笔带起来，使书页受到损坏。每日使用的稀糨糊要随用随时调制，不可用隔日的剩糨糊。因为糨糊隔日容易发酵而失去黏性；或者因使用久了，糨糊受到书上的墨色和尘土污染，反会把书页弄脏。特别是白色的开化纸，更须使用干净的糨糊，最好每日更换一两次。浆水中的糨糊会沉淀，所以每次使用前都要用排笔兜底搅拌。

第四节　绫、绢、锦的加工

绫、绢、锦是古籍修复中的主要材料之一，可用作书籍的封面、装裱中的镶料等。由于其质地绵软、皱褶不平，所以必须在其背面加托一层宣纸，使之加厚定型，方能使用。绫、绢、锦的托裱是修复古籍必须掌握的一项基本技能。

一、绫、绢、锦的特征

（一）绫

绫是一种斜纹或斜纹本色提花织成的丝织品，以浙江湖州的质地最佳，表面光洁如镜，面底有花卉凤鸟图案，薄而轻软，富有民族风格。古书修补中可用作封面或包角。

（二）绢

绢是一种用真丝织成的平纹丝织品，质地挺美、薄而坚韧，浙江、上海、江苏等地均有出产。染制成磁青色和古铜色的绢，可做善本书的封面；染制成淡绿、湖蓝色的绢，可作古书包角的材料。

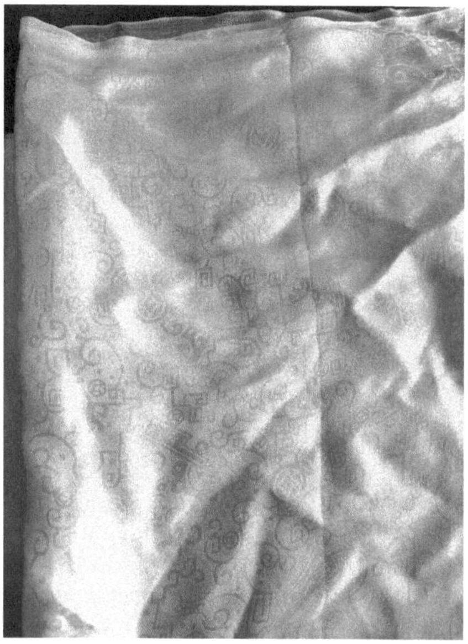

图 3-42　绫

图 3-43　绢

（三）锦

图 3-44　锦

锦是一种色彩灿烂、花纹瑰丽、质地厚实、格调典雅的丝织品。现代的锦多是仿照宋代织锦花样制造而成，故有"宋锦""仿宋锦"之称，有龟背纹、绣球纹、剑环纹、古钱套、席地纹等不同样式，淳朴古雅，以江苏苏州的产品最著。这种锦用来裱制善本书的函套、锦盒或做册页面子最为适宜。

二、托绫的操作方法

（一）断绫

将成匹的绫按所需量好长度（一般可取 2 米），在需断开处用剪刀剪一小口，自小口处捏住一根纬丝将其慢慢抽出，沿着抽丝的痕迹用剪刀将绫剪开。绢可在需断开处用剪刀剪一小口后直接用手扯开。

（二）配托纸

根据所断绫的长度，选配相应长度的单宣，用马蹄刀剔除宣纸上的杂质。如需两张宣纸相接，将宣纸两端裁齐，裁去红印记，以便托纸相接。锦绫因料体较厚，所用的托纸需采用较薄的宣纸。

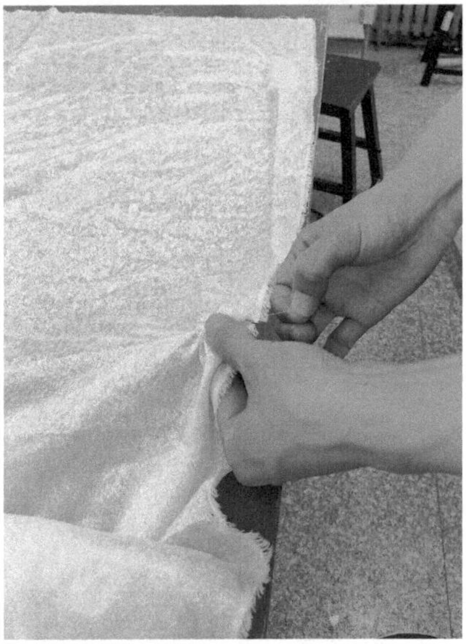

图 3-45　断绫

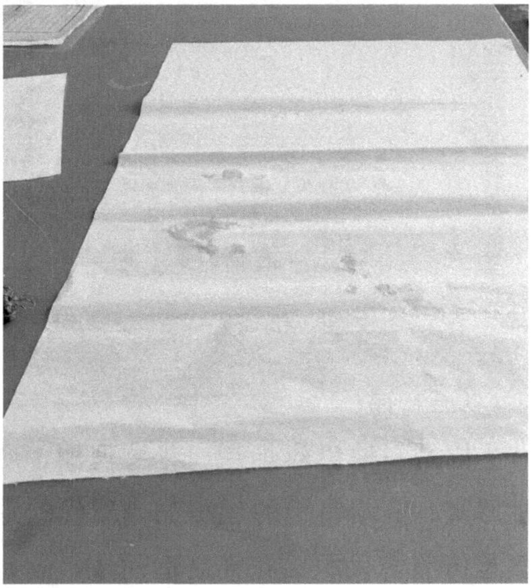

图 3-46　配托纸

（三）做头、抻直经丝

将断下的绫正面朝下铺在台上，花形突出或明花暗地的一面为正面，绢无正反面。将绫的一条长边和一头分别靠近工作台的两条边，用排笔在绫的一头刷 10～15 厘米宽的清水，用手指将刷过水的绫上下抻直，用毛巾吸去多余的水，使绫的一头固定在台上，然后用排笔蘸清水在绫的另一头同样刷 10～15 厘米宽的清水，使绫两头紧贴在台面上，用手指将绫的经丝抻直。

图 3-47　做头

（四）上水平丝

用排笔蘸清水将全段绫刷湿，用手指在绫的上下两侧和左右两头将绫的经纬丝抻平抻直，使绫的丝缕花纹横竖垂直。

图 3-48　上水平丝

（五）吸水

用一块稍大的毛巾浸水后挤干，两手提着毛巾的两头，在绫上按从右向左顺序轻轻地甩吸。毛巾吸水过多，则可拧干后再吸，直至将绫上的水分吸干。

（六）上浆

先用广刷或棕刷将稠浆均匀地轻刷于绫上，先上下刷，再左右刷，使绫的每一部位都刷到糨糊。刷完浆后，冲着光线检查一遍，看看糨糊是否刷得均匀，如有漏刷或堆浆，再补刷调整。

图 3-49　上浆

用棕刷刮去排笔上的水分，在排笔上添上稠浆，理顺笔锋，在绫上从上而下笔笔相接轻拖一遍；每拖一下，排笔转面再拖一下，以免笔锋散开、笔路不匀。如发现绫上有刷子毛或其他杂质，用针锥或镊子将其取出。

图 3-50　光浆

（七）上托纸

将配好的托纸卷起，左手持托纸卷，右手持棕刷，把托纸卷对准绫的边口舒展开一段托纸，将托纸右上角的一点着案，与绫的上边际相平行，右手持纸的右下角着案，同时左手将托纸卷轻轻提起，右手持棕刷将纸自右向左刷覆在绫上。刷完一张托纸，在纸的接口部位抹上一些稍稠的糨糊，将第二张托纸按上法接托上去，托纸间的接口宽度约 0.15 厘米。托完全部纸后，用棕刷再排刷一遍，接口处用棕刷刷实，使托纸与绫完全黏合。

图 3-51　上托纸

（八）上贴板

用隔糊纸（可用 30 厘米×18 厘米大小的胶片）作衬垫，在上好托纸的绫的反面四周边沿刷上约 1 厘米宽的稍稠糨糊作贴壁浆口，同时在绫的下侧或右侧浆口部位贴一拇指大小的纸条作下壁起口，然后两手将绫揭起，面朝外粘贴在贴板上，四周用棕刷排实。排实前，在绫的一侧揭开一处，往里吹些气，这样下壁时容易起下。如果绫子较长，可两人合作完成。

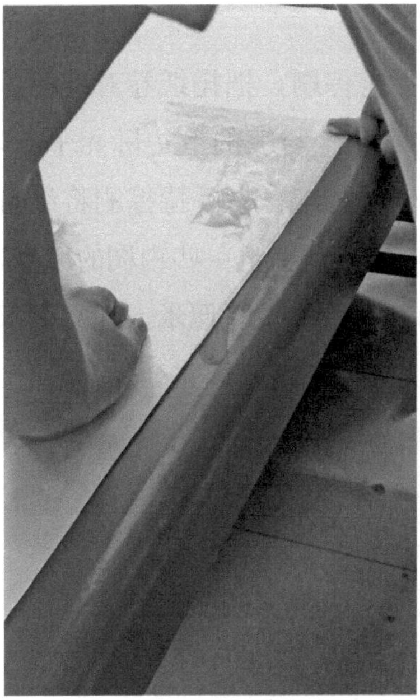

图 3-52　上贴板

图 3-53　上墙

图 3-54　下墙

（九）下墙

将竹起子插入起纸口，先轻轻地起开下边和右边相邻的两条边，然后两手持已掀开的右下角，以一定的角度向对角慢慢扯开另外两边。如绫子较长，先将下面已揭开的部分卷起，然后边卷边扯，将绫子起下。

第四章　古籍装帧技法

第一节　卷轴装

卷轴装又叫卷子本，是纸质书籍最早的一种装帧形式，从简册和帛书的形制中演变而来。把若干张书页粘连起来，成为一条长幅，把长幅的末端粘裹在一根木棍上，木棍两端各长出书页 1.5 厘米左右，作为轴，然后绕着轴心，从左向右卷起来成为一卷。

一、操作步骤

（一）托裱书页

装裱书页，首先要检查墨色是否掉色；其次要检查版面、印章、字角的位置是否适当，对于装裱有无妨碍。托裱有湿托和干托两种方法。

1. 湿托法

适合不掉色的书页。

（1）准备托纸。将比裱件 4 边各长出 1.5 厘米左右的托纸卷起或卷在一根木棍上。

（2）裱件润浆。将裱件正面朝下铺在工作台上，用略带浆水的排笔将裱件轻轻刷潮，稍加伸展。

（3）裱件上浆。左手提起裱件，右手持排笔蘸稀糨糊，从右往左上下一笔笔刷匀。刷完后，对着光线检查一遍，如果发现有发暗处，即漏刷或未刷匀处，再补刷一遍。

（4）上托纸。左手持托纸卷，右手把托纸卷舒展开一些，对准裱件将托纸右上角的一点着案，使托纸与裱件的上边际相平行，右手持托纸的右下角抻直着案，同时左手将托纸卷轻轻提起，右手持棕刷将托纸从右向左刷覆到裱件上；刷完后，再用棕刷从右至左排刷一遍，使托纸和裱件黏合紧密。

（5）游浆上墙。用排笔在托纸四周余边上刷少许稀糨糊，并且在右边或下边浆口处粘一张大拇指大小的纸片，作为下壁的起口，两手持裱件的两个角缓缓提起，正面朝外平整地粘贴在纸壁上。在裱件的一侧揭开一处，往里吹些气，这样下壁时容易起下，也不会产生画心背面粘在壁上的现象，然后将揭开处粘贴排实。

如果裱件幅面较大，湿幅后有一定的重量，上壁粘贴时一经提起极易损坏。此时可用两层巴掌大的白色干纸衬在两个角下，然后左手提起衬纸和裱件的一角，右手用棕刷提起衬纸和裱件的另一角，将右角先刷上贴板，接着从右到左用棕刷封住上边口，再封好右边上半部和左边上半部，最后把下面的两只角抻平，封好下边。大幅裱件上壁时最好两人同时操作，另一人帮着提裱件的下面两端，一起上墙。

（6）下墙。裱件干后下墙时，用竹起子从留出的启口插入，与画心贴墙浆缝呈 45 度角，紧挨墙用力往外划出。先起开下端，然后右手拿住右下边、左手拿住左下边掀起，与墙呈 45 度角向上提起，将画心从墙上揭下。

2. 干托法

适合遇水容易扩散掉色的书页。

（1）裱件润湿。将裱件正面朝下铺在工作台上，用排笔或棕刷甩水将裱件稍加润湿，卷起放在一边。

（2）托纸上浆。将托纸在工作台上铺平，均匀刷上稀糨糊。

（3）上裱件。将裱件正面朝上对准托纸，用干的排刷或棕刷将裱件轻轻地刷于托纸上。刷时动作要快，防止出现褶皱。然后在上面衬一张吸水纸，连同托纸揭起翻身，放在干净的台面上，用棕刷在托纸上排刷结实，抹浆口上纸壁晾干或绷平。

图 4-1　托裱

（二）方裁卷心下边口

托裱的书页，需将每段托补好的书页的下边及左右两端裁齐，以便后道工序的拼接。将卷心正面朝上平铺在裁板上，用一把长尺压在上面，将另一把长尺放在其下边沿，依尺用刀将余边裁去，然后利用三角尺把卷心的左右两端裁齐，使两边呈直角。

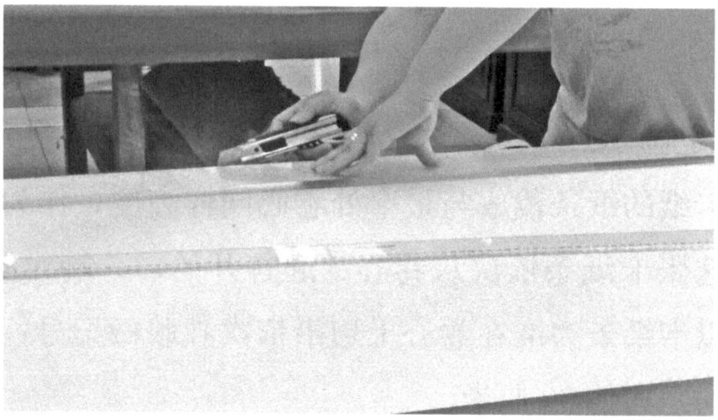

图 4-2　方裁卷心下边口

（三）拼接

取两张相邻需拼接的卷心，正面向上放在画有直线标尺的台上，使两张卷心的下边沿与直线比齐，并且使左边一张的卷心压在右边一张卷心上约 1.5 毫米；在左卷心的右端下垫一张隔糊纸，在左卷心右端上刷 0.15 厘米宽的糨糊；撤去隔糊纸，将右卷心压贴在左卷心上，用干净的宣纸衬垫，将拼接处按实。依此类推，将卷心按顺序连接成一条下面为直线的横幅。

图 4-3　拼接

（四）扎眼定位

将一张薄卡纸的纸条裁成与最窄处卷心同样高度，作为卷心高度的标准条，然后用这张卡纸条依次从卷心的起首开始，一端对齐卷心下边沿，另一端用针锥以卡纸条为准在卷心上边沿依次扎眼做记号，直至卷心末尾为止，针眼间的距离约 30 厘米。

图 4-4　扎眼定位

（五）方裁上边口

将扎过眼的卷心放在裁板上，从头开始，用短尺依据针眼，每两个点成一直线，将多余的边际裁去，裁一段，收一段，放一段，依次把整张卷心多余的边际裁完。

图 4-5　方裁上边口

（六）收卷

在卷心的末端折叠起一条窄边，在窄边上连续多次折叠形成一条细纸棍，然后慢慢向前收卷，边卷边磕齐已收卷的部分，收卷越紧越好，然后在外面用纸护卷包裹。

（七）打磨

左手握着卷紧的卷心，将其竖立在台上并不断转动，右手用砂纸板磨削卷心的边际。砂纸板的一面贴有略粗的砂纸，另一面贴有较细的砂纸，先用粗砂纸的一面磨削，再用细砂纸的一面磨。磨削时，边磨削，边旋转卷心，直至卷心一端的平面无凹凸为止。磨好一端，再磨另一端。也可先用刀将凹凸处削平，再用砂纸磨平。

（八）装轴

将卷子面朝上放在台上，拖尾处朝着自己，用尺压住。取一根直径约1.2厘米比卷子高3厘米的圆木棍，将圆木棍的两端用褐色的清漆涂一下，使露出的两端略显旧气。在卷心末端抹上稠糨糊，将木棍横着对齐卷心的末端，木棍的两端各露出约1.5厘米，将尾纸粘在木棍上往前推，使尾纸绕棍二圈，然后点浆裹住。

（九）粘贴包首

在卷心的右端起首处背面刷0.15厘米宽的糨糊，粘接一张长约25厘米、宽与卷子高相等的有韧性的素纸，这段素纸称“包首”或“护首”。

（十）装眉杆

眉杆，又称眉贴。卷轴装眉贴大多用薄的竹篾制成，竹篾两端与卷子的高度相齐，宽约0.8厘米。将卷子面朝下放在台上，天头处朝着自己，用尺压住；在天头的边际抹上约0.8厘米宽的稠糨糊，将竹篾的平面横着对齐天头的末端粘贴在包首上；然后把竹篾连着包首纸向前翻身，使包首裹住竹篾一圈；在裹住竹篾的包首上抹上稠糨糊，再把竹篾向前翻身，让裹有包首的竹篾粘住包首纸，用尺及重物压住，待干。

（十一）缝卷带、插扦

在天杆的中间缝一根扎带，扎带长度能绕卷子两圈半为宜。在带子的另一端缝一个骨扦。缝时，要把带头折回缝，以免脱丝。

（十二）贴签条

签条大都用仿古宣纸做成，宽1.6～2厘米，长约卷心高的三分之二。

签条的位置在离眉杆及上边口 0.3 厘米左右处。将签条贴上后，迅速垫上多层吸水纸，用尺及重物紧贴眉杆压上，以免眉杆受潮变形。

二、卷轴装古籍的装修质量要求

卷子两边基本平整，无凸出或凹进现象。书页修补平整，拼接处无皱褶。轴、眉贴、带、骨扦安装位置正确、平服。签条大小及安贴位置正确、无皱。

第二节　蝴蝶装

蝴蝶装，简称“蝶装”，宋代流行，由经折装演变而来，即将书页正面朝里对折，书脊对齐后上浆用书皮纸粘裹，最后裁齐成册。翻阅时，版心粘在书背上，书页两边展开，犹如蝴蝶展翅，故称“蝴蝶装”。

一、操作步骤

（一）折页

书页文字面朝里，背面向外对折。折页时，要看版心是否居正中，以

图 4-6　折页

版心中缝为中心，不得左右倾斜，两手顺书口上下抚按平整，每折一页，即随手放在右边夹板上；整部书折完后，检查一下页数，看有无颠倒错乱的情况；最后一叠一叠地剪去周围余出的毛茬纸边，顺序码齐放在夹板上。折页时，注意勤洗手，以免因手不净将书玷污；有的书籍在印刷时用劣等次墨或用红色印刷书格，都容易污染色，需要特别注意。当折页按书口时，应在书页上垫一张白纸，以免将书页弄脏。

（二）齐栏

齐栏的主要目的是使书口整齐、书籍美观，要求将书页下脚的栏线对齐，使各张书页的栏线上下一致，以免书口参差错落。齐栏时，应做好两点准备：一是保留印章和批校。齐栏以前，首先要注意每卷书栏线的外边有无藏书印章，再看书的天头地脚有无批校。如天头上有批校，应考虑裁书时是否会被切掉。如有被裁切的可能，须将有批校的书页往下拉，拉至裁不到批校的字为止。如地脚有批校，则将书页往上提。宁可使边栏不齐，也不要为了齐栏而损伤书页上的批校。二是划分册数。齐栏时，将书页根据卷数分成比较适宜的册数，一般以一卷为一册。

齐栏通常以地脚处的下栏为标准，因为一般木版书都是手工刻制的，版心、大小常不一致，而地脚又往往比天头小。按一般规格，天头和地脚的比例以 3∶2 为宜，如果按天头的上栏为标准齐栏，就会使地脚短得不成比例，既影响美观，又不好装订，裁书时不留心还容易伤及文字。而齐栏取线以地脚栏线为标准，即使天头空处太大，上版框线稍有点乱，也不会觉得难看。有少数古籍没有边栏，齐栏时取线标准应以书页近书口处末了一个字的字脚为基准，或者用鱼尾作为标准对齐。

齐栏的方法有挨齐法、撒齐法、摆齐法、垛栏法四种。每种方法操作步骤如下：

1. 挨齐法

挨齐法就是书页与书页挨栏线对齐，是古籍修复中最常用的方法，应当熟练掌握。挨齐大都是从上齐到下。一般每次齐一册，特别薄的书可以

图 4-7　挨齐法

两册一起齐。两册以上的书齐栏时，应从最下面的一册开始齐，以便能检查栏线的曲直。

齐栏时，先用两手执书，蹾齐书口，然后把书平放在订板上。接着，用左手的大拇指顶住天头处的书口，用食指和中指按住天头，再用右手食指轻轻揭起书页，以大拇指和食指捏住书页的地脚处，中指按住下面书页的地脚处，这时就可以用上下左右移拉的方法把上下书页的栏线对齐。齐栏的标准线以书口处最外面的边框线为准。书口处没有栏线的，可以将鱼尾作为标线。一册书齐好后，再用左手捏住天头处书口，右手捏住地脚处书口，拿起书册在订板上轻轻蹾齐，再平放到订板上。如果发现书栏有不直的地方，可用锥子的尖头拨一下，或者拿起书的一头扯一下，然后在上面压上尺板，并且在尺板上压重物，以防书页移动造成书口歪斜。一册齐完后再齐另一册，待全部齐完，上下用夹板夹好、蹾齐，即可进行下一道工序。

2. 撒齐法

撒齐，又称铺齐，是一种把书页撒开、用手指挑开书页进行齐栏的方法，也是每次齐一册。先把书册蹾齐，然后把书册翻转过来背面向上，用右手捏住天头处的书口，左手从地脚处的书口捻开书页，使其撒成扇面状，然后把书册翻转过来，平放在工作台上，用左手中食指压住书册的上端，用大拇指堵住书口，防止书册移动。这时可用右手手指由下往上一页一页地把书页挑开，以书页地脚处的栏线为准，把每张书页的板框栏线拉回垛齐。撒齐法比挨齐法效率高，但不宜用于纸质太差的书籍，纸质弹力强、韧性大的书页较为适用。

3. 摆齐法（撞针法）

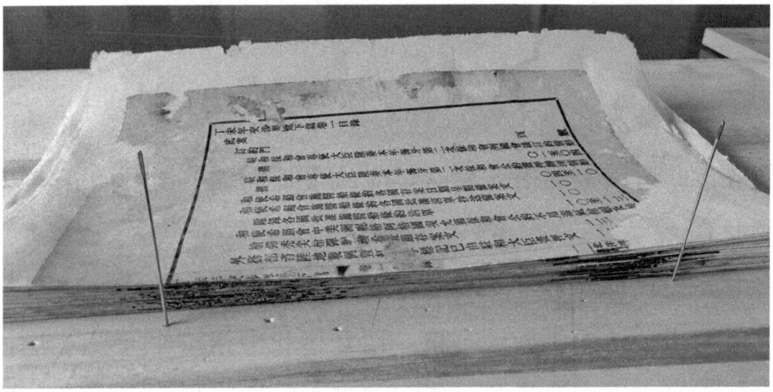

图 4-8　撞针法

摆齐，就是把书页一张一张地按照栏线摆放整齐。用这种方法齐栏，效率最低，一般不宜采用，只有纸质粗涩、用挨齐法或撒齐法不易移拉的书册，才采取这种办法。另外，某些书品特殊，如开本特别大的书册，用其他方法齐栏不便，只有采取摆齐法进行齐栏。操作时，首先要在订板上垂直钉上两根大针，作为摆栏的标记。两根大针的距离与书页的上版框栏线和下版框栏线等同。齐栏时，由书册的最后一页开始，逐页往订板上摆。摆的时候，先把书口地脚处的边栏对准右面的大针。摆好一页再摆一页，直到一册书全部摆完。在摆的过程中，注意书册的页码顺序，不要把页码弄颠倒。

4. 垛栏法

垛栏是将一册书蹾齐后，翻过来背面向上，右手捏住天头的书口，左手由上向里捻书口下脚的书页，使其呈扇面形；翻过来平放在桌上，左手中指压住书的上端，大拇指堵住书口，勿使其移动，右手由下往上一页一页地将栏拉回垛齐。这种齐法比以上三种方法快，但不适用于旧书，只有新纸或弹力强、韧性大的书页，才能采用这种方法。

（三）安放护页

在书籍前后各加两张接近书页颜色的护页。

图 4-9　安放护页

（四）压实

将齐好栏的书页连同夹板放于压书机内，勿使其移动，逐渐增加压力，不可一次压得过紧，随时用尺衡量压书机的两端，看是否有高低不平的现象。经过校正，使机器底盘的两端高低一致时，再用力压紧，以免将书册压歪压斜。在压书机内压一二日后，书页平整坚实即可取出。

图 4-10　压实

（五）书背上浆

书背上浆就是将厚浆涂在书背上，然后粘上一层薄皮纸，一则增强书背的牢度以利翻阅，二则可以使书背挺括、平整以便包裹封面。将书册放在夹板中间，将作为书背的折口处对齐两块夹板的边并露出一丝折口，上压重物；在折口上薄薄地刷一层厚浆，使糨糊稍稍进入书口内，在书脊上按书脊的宽度粘一纸条。

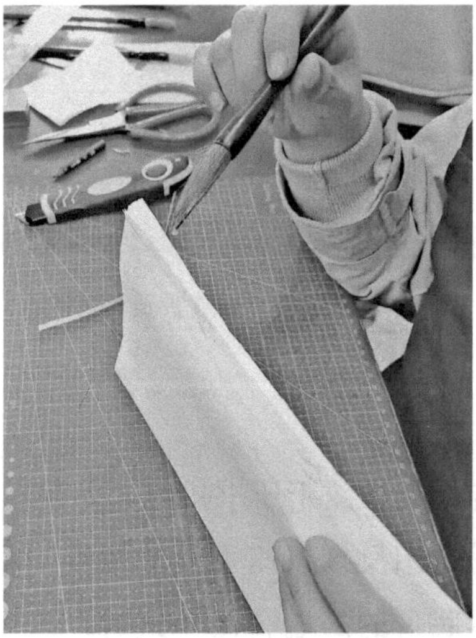

图 4-11　书背上浆

（六）裁齐

为了使书籍三面光净整齐，要进行裁切，以保整齐。裁齐之前，用三角尺量出天头、下脚和书脑三边应裁齐的地方，用铁锥或铅笔画上记号，然后进行裁齐。裁齐有手工裁齐、机刀裁齐两种方法。

1. 手工裁齐

把应裁切的书籍放在裁纸板上，每次以 4～6 册为一刀。先在书上横放一块比书稍长的木板，宽 10 厘米，厚 2 厘米。左脚蹬在木板上，右手持刀柄，左手按住刀背的上端，刀紧靠木板，按画好的记号，两臂用力切。为避免把最下面的一册裁小，下刀时应稍往外偏，不可往里偏。裁切以后，将书翻过来，把首册放在末册的下面，将栏对齐，以首册上面为准，把末册的下面用铅笔画印，然后把首册放回原处，按照铅笔画的印记横放木板，用美工刀或马蹄刀整齐。用美工刀时，缓慢用力，力道均匀，不能时重时轻，不要跑刀。

图 4-12　手工裁齐

2. 机刀裁齐

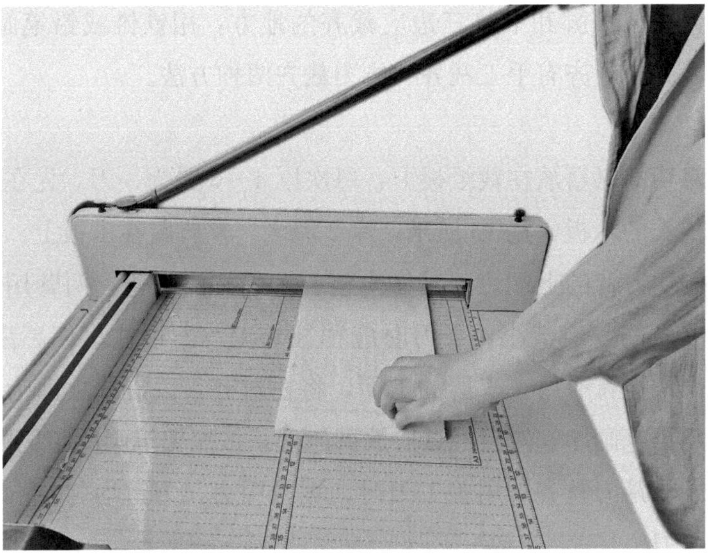

图 4-13 机刀裁齐

裁书以前，先把刀盘擦拭干净，再将准备裁切的书籍置于刀盘上。按书上画好的记号将书压紧，而后进行裁切。每剪切一刀，一般以七八册为宜，但应根据所裁书册的薄厚和裁刀的型号而决定。例如，用二号或三号的刀，每裁一次书的厚度最多不得超过 9 厘米。裁时，先裁书脑，再裁地脚，最后裁天头。用机刀裁齐，上下一致，不必将书翻过裁切找齐，但也必须注意总结经验，掌握熟练技术，才能把书切好；否则，裁切时稍有偏斜，当时虽不易看出，但把两刀书混合放在一起，则形如锯齿，参差不齐。

这两种裁齐法各有优点和不足之处。如果裁切古旧书籍，对纸老焦脆的书页或有眉批旁注不能多裁的书，用手工裁切比较稳妥。另外，用手工裁切可以“打翻刀”，即上面裁切不齐时，可将书翻过来再切下面。此法不足之处是刀口痕迹较多，切后尚需用砂纸打磨，工作效率低。而机刀裁书则无刀口痕迹，切后十分光滑，工作效率高。

注意事项：裁切之前，注意天头、地脚有无批语，不要裁到批语。即便没有批校，也要少裁。因为书籍的天头、地脚的宽窄大小是决定书品好坏的因素之一，必须注意尽量避免损伤书籍。个别有顶天挨地的批语，可在批语两旁剪一小口将批语折回，以免将字裁伤或裁掉。如果批语过多，宁可不裁，使书页不齐，亦不可将批语裁掉。遇到特别纸老的书页，必须使用快刀，并且在书上垫一层草纸再裁切。用手工裁切法，一次只宜裁一册，保证书的完整。

（七）装书皮

先将书皮纸裁成前后相连的包裹纸，四周比书各长出 1 厘米。书皮包裹方法如下：

第一，将书皮纸正面沿长边对折一下，使其分为两个部分，宽度相差一个书脊的厚度。

第二，将书放在工作台上，书背向着自己，在书脑的中部靠近书背处涂上 2～3 点糨糊，将书皮纸较小的半页朝下，折口对齐书背粘在书页上。

图 4-14　装书皮 1

第三，打开上半页书皮纸，用手指在书的书背、天头、地脚的边棱处磨蹭一下。把书翻个身，把另一半的书皮纸顺书背、天头、地脚的边棱也向下磨蹭一遍，使之出现折痕。

图 4-15 装书皮 2

第四，将书的地脚（或天头）向着自己，打开上面的书皮纸，左手食指将书的下部稍稍撑起，将书底下的书皮按折痕把边折回，合上书皮，然后用手指顺地脚的边棱磨蹭一遍；将书转过来，天头（或地脚）向着自己，按此法把天头（或地脚）处的边也折回。

图 4-16 装书皮 3

第五，把书放在夹板中间，使书背边对齐两块夹板的边，上压重物；然后连同夹板将书移至桌边，打开上面的书皮，在书背上抹一层稠糨糊；同时在书脊的回折处用糨糊粘牢，以免包完书背后两头空虚；在纸捻钉上抹一点糨糊，将书皮纸往上包紧，用尺板和镇块压住；取一张厚纸垫在书背上，用竹刮子在书背上磨蹭，使其粘得平整。

图 4-17　装书皮 4

第六，把书的书口转向自己，把书口处余出的书皮纸顺书口边棱压下磨蹭，使之出现折痕，顺折痕将余出的书皮纸回折勒平，然后放开部分折进书口的书皮纸，在书口与书角处按三角形状剪去重叠部分，使书角处回折的书皮纸呈接口状。在护页的天头、下脚及书口的边沿各抹 3～4 点糨糊，在书口的两头也抹点糨糊，使书皮纸和护页粘牢。把书翻过，同样操作后，放在夹板中间晾干。

（八）贴签

签一般用各种宣纸或绫、绢等丝织品制作。

签有两种：书名签和标序签。书名签长约为书籍的三分之二，宽约占书籍宽度的六分之一。粘贴的位置一般在距书首与书口 3～5 毫米处为宜。标序签是填写书的次序或篇名的标签。其形状一般为正方形，边长不超过书宽的五分之二。一般标序签粘贴在书名签右侧至书眼的中间，距天头不超过标序签的二分之一。

贴签的具体方法有两种：满贴和浮贴。满贴，又叫实贴，即在签条背面均匀地涂抹稀糨糊，然后把签条贴在书册的左上角。贴签时，左面书口和天头两边要各留出 0.2 厘米左右的书边。贴上书签后，用白纸撴压几下，使它粘接结实、平整，最后在每根签条上盖一层吸水纸即成。每册贴完后，依次叠放在一起，待一部书全都贴完，在上面放一块夹板，在夹板上压放石头等重物，待签条夹干后，移去夹板即可。浮贴，又叫虚贴，不需在签条上涂满糨糊，只是在签条四周抹几点糨糊，就可把签条贴到书册左上角。贴法与满贴相同。满贴的签条牢固禁翻，但用糨糊多，容易招虫引鼠。浮贴的签条容易脱落，但用糨糊少，不易招虫鼠。采用何种方法，可视具体情况而定，北方多满贴，南方多虚贴。

图 4-18　贴签

二、蝴蝶装的其他两种装帧技法

第二种做法：将书页折好后，按册蹾齐，加入护页，折口向内，放在桌面上，用夹板压住书的一半，露出折口，夹板上压石头等重物；左手掀起书页，右手在折口的背面，以平均的距离点上 3～3 点稍稠的糨糊，这样一册书的书页就连在一起了。外面包上书皮，做法同前。这种做法的优点是不伤书口（版心），展开容易放平；缺点是用糨糊少，容易散开，与第一种方法比，不坚固。清代著名藏书家黄丕烈多采用这种装订方法，后人通称这种方法为“黄装”。

图 4-19　点糨糊 1

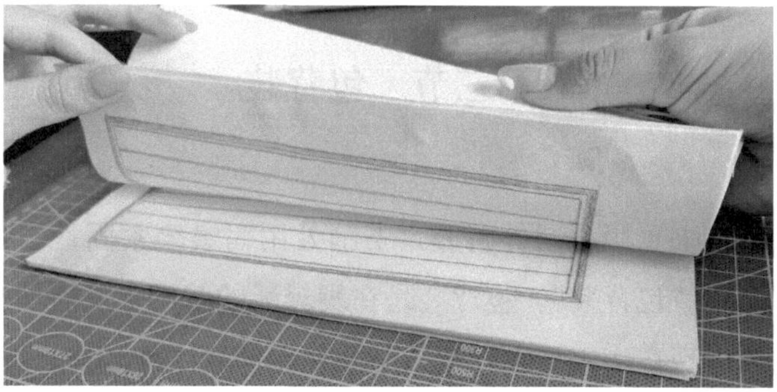

图 4-20　点糨糊 2

第三种做法：这是一种订线的做法，从展开的书页看是蝴蝶装，从书背和下脚看又是线装的形式。这种做法最早见于清代康熙年间刻印的《芥子园画传》。先将补好的书页喷平，倒干后，将书页正面向内折齐；取与书页颜色相同、厚薄相等的纸，裁成 5 厘米宽与书页等长的纸条，将书页上下对齐折口，每页之间错开 0.5 厘米，一页一页地由右向左摆在葛板上；每 10 余页为一组，最上一页用纸盖住，将折口露出 0.5 厘米，在折口上涂抹稍稠的糨糊，由下到上在每张书页上粘一纸条；粘完后，上面盖一张纸，用右手抚平，使书页和纸条紧密粘连；然后一页一页地揭起放在另一块葛板上，再进行第二组，直至全部粘完后，每七八张书页为一层，排列在葛板上，每层前后各垫一张吸水纸，上面压石头；干后顺序蹾齐，仿照接书背的方法，将纸条的另一边回折，与书页的折口对齐；再经过捶平、压实、订纸捻（纸捻订在粘好的纸条上）、裁齐等工序，则初步完成；最后经过包书角、扣书皮、订线之后，从外表看与流行的普通线装书没有任何区别。

三、蝴蝶装书籍装帧的质量要求

书册三边平整垂直，书页无掉落现象。书皮包裹平挺有棱角，边际无缩进渗出现象，书脊挺括、平整、垂直。签条大小及粘贴方法正确。打开书籍，书脊处糨糊渗透不超过 0.5 毫米，护页安放正确，书页的页码顺序正确。

第三节 包背装

包背装书籍书页版心向外折叠，书脑处用蚂蟥攀紧固，书背处用书皮纸包裹，因而称“包背装”。包背装是在蝴蝶装的基础上发展而来的书籍装帧形式，大约出现在南宋后期，流行于元代至明朝中叶，元、明、清历代，特别是其政府官书，多采用这种装式。包背装有“软面”与“硬面”两种形式。

一、软面包背装操作步骤

（一）折页

包背装书籍的折页与蝴蝶装书籍的折页有所不同，包背装书籍折页是文字面向外，书页背面向里折页。折页方法参考蝴蝶装的装修技法中的折页法。

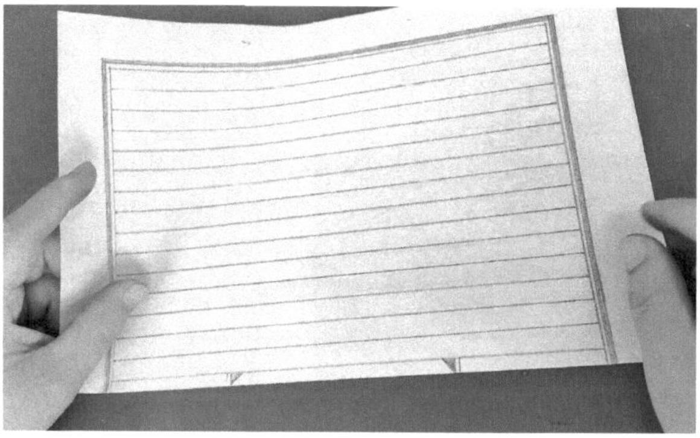

图 4-21　折页

（二）修边、加护页、齐栏、压实

技法与蝴蝶装相同。

（三）订纸捻

书页经过齐栏、压实，就要进行草订。草订是初步装订工作，目的是把书页固定起来，避免弄乱次序。纸捻钉用韧性强的皮纸做成，也可以用竹纸制作，形状有两种。一是纸钉。顺着纸的竖纹，将其裁成长约 7 厘米、宽 4～5 厘米的直角梯形；将直角梯形的短边朝右向长边对折，用右手的拇指和食指捏住长边的尖端向左方搓捻，最后留下约 1.5 厘米不捻，折叠一下不使捻好的地方松开，捻成一头尖的纸捻。二是蚂蟥攀。顺着纸的竖纹，将其裁成长约 15 厘米、宽 4～5 厘米的菱形；将菱形纸沿长边先对折再三折，折成约 0.7 厘米宽的长条，从长条的两端各向中间搓捻，最后中间留下约 1.5 厘米不捻，捻成两头尖的纸捻。纸捻钉捻得要紧松适中，不能太紧。包背装书册需用蚂蟥攀将书页固定，而后进行裁切、装订等下一道工序。包背装的书一般订 2 个蚂蟥攀，分别打在书页长度的三分之一处，蚂蟥攀双眼间距约 1.5 厘米。如果书册比较大，也可等距离订 3 个蚂蟥攀。

图 4-22　裁剪的纸捻（纸钉、蚂蟥攀）

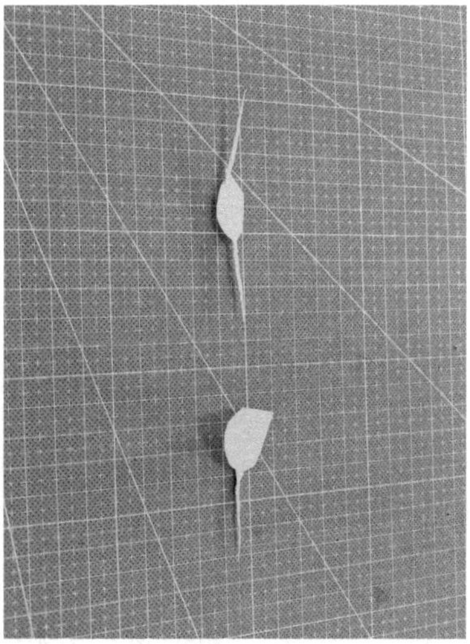

图 4-23　捻好的纸捻（纸钉、蚂蟥攀）

纸捻钉穿订的操作方法：一是安放护页。在书籍前后各加两张接近书页颜色的护页。二是蹾齐。将书口及下脚蹾齐，下脚如不齐，可蹾齐天头。将蹾齐的书平放在锥板上，用尺板及镇块压住书口处。三是确定纸捻的位置。原则上纸捻应使用原来的钉眼，不再另行打眼，因眼多伤书。书脑残损经修补后不见原眼则需另行打眼。书籍一般打 2 个钉眼，分别打在书页长度的三分之一并距书脊至栏线三分之一处为宜。大的书可以打 3 个眼，2 个钉眼分别打在书页长度的五分之二并距书脊至栏线三分之一处，在 2 个眼间的直线中间位置再加打 1 个眼。确定位置后用锥子轻点一下标记。穿订蚂蟥攀需打双眼，接过书脑的书的双眼要一眼打在书脑上，另一眼打在接出的衬纸上。四是打眼。手持锥子对准已确定的钉眼位置，锥子要保持与书垂直，右手持敲锤捶打锥子的顶端，使锥子打穿所有的书页，然后将铁锥子旋转拔出。五是穿纸捻。旋转锥板，使书脑处面向自己，轻轻拉动最下面的护页，使书脑的钉眼处置于锥板外，将纸钉或蚂蟥攀穿过书眼，拉结实。将书翻过身，把纸钉向两边按倒，用敲锤敲平，剪去多余部分，两头各留下约 1 厘米即可。蚂蟥攀则需要先打结，打结时先将蚂蟥攀的两个头互打一个结，然后将一个头穿过打结处再打一个结，最后剪去多余部分，两头留下约1厘米，用敲锤敲平打结处。

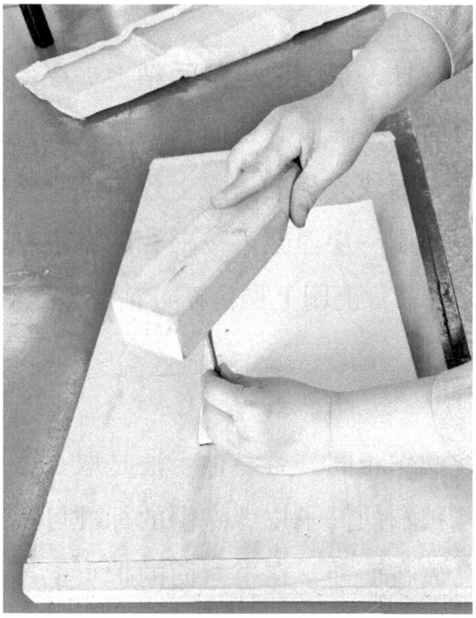

图4-24　打眼

图4-25　穿蚂蟥攀

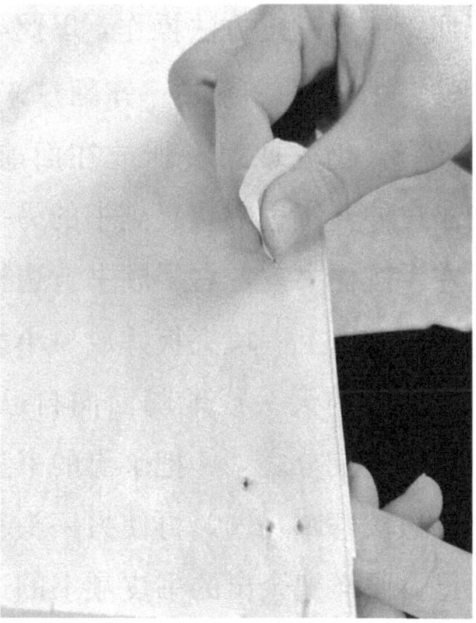

图4-26　穿纸钉

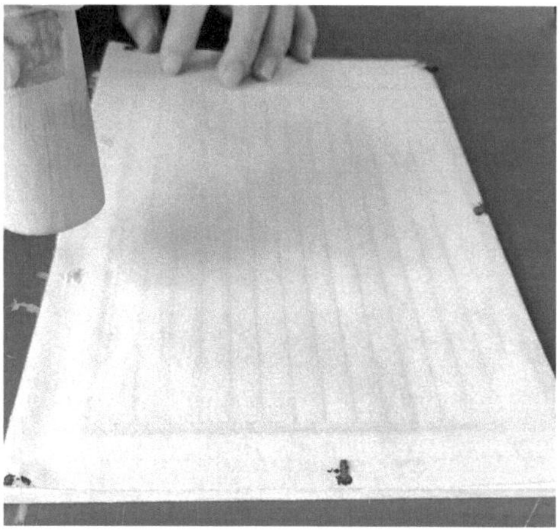

图4-27　敲平纸捻

（四）裁齐

与蝴蝶装操作手法相同。

（五）书背上浆

包背装书籍在装书皮前需在书背上涂抹一层稠浆，然后粘上一层薄皮纸，以使书背挺括、平整，便于包裹封面。将书册的三面裁切整齐或打磨平整，放在夹板中间，并且使书背边对齐两块夹板的边，上压重物，然后连同夹板将书移至桌边，在书背上薄薄地刷一层厚浆，按书背的宽度粘一纸条，或者将一部多册的书同时蹾齐，在书背上刷上稠糨糊，粘一整张纸，干后用刀割开。

（六）包书皮

包书皮有两种技法，一种与蝴蝶装操作相同，另一种手法是取一张书皮使正面向里，对折成一面稍宽、一面稍窄的筒子皮。宽窄的标准可按书本的薄厚决定。再取一册书，背向自己放在面前，在书背面的护页上用右手中指点上 3～4 点稠糨糊，为了扣皮，折边时需要掀起书皮，点糨糊不可到头。这时取一张书皮，使窄的一面向下，放在书上与书背对齐，把书皮粘牢。另取第二册书放在第一册上面，仍照第一册粘皮方法操作，以此类推。粘完书皮后，将书一齐翻过来，放在一旁，仍先取第一册放在面前，把筒子皮伸开绕过书背裹到书的另一面，左手按住书皮，右手顺书背边棱磨蹭两下，压上一块夹板并放一小型重物，使书的天头或地脚面向自己，把夹板推进三分之一，把余出的书皮顺书的边棱磨蹭一遍，再使另一头转向自己，照样把余出的书皮顺书的边棱磨蹭一遍，把压书的重物取下，将书翻过，照样把天头、下脚余出的书

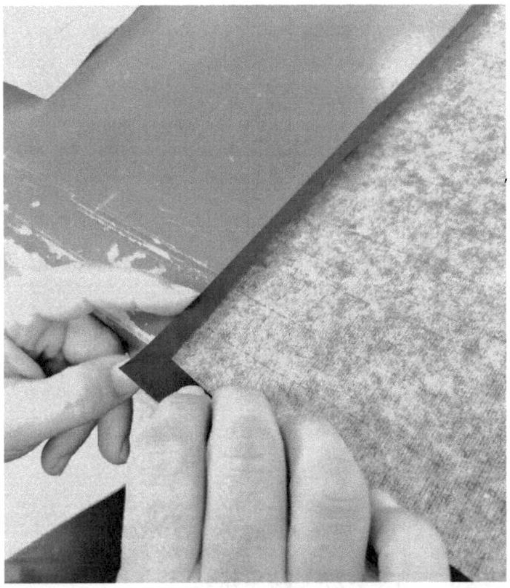

图 4-28　制作书皮

皮磨蹭一遍，然后展开整个书皮，把天头、下脚的边折回。务必将包书背处的折边用糨糊把书皮粘牢，以免包完书背后两头空虚。同时，把粘完书皮的一面向下放在桌边，使书背与桌边相齐，用夹板压住书口部分的三分之一。在书背上抹一层稠糨糊，在靠书背的扩页上薄薄地抹一些糨糊，将书皮往上包紧，用夹板压住书皮。取一张厚纸垫在后背上，用骨轧子把书背压平，使其粘牢。最后把书口转向自己，将夹板推进三分之一，把书口面余出的书皮用手顺书口边角磨蹭一遍，将边折回，两头用剪子把书皮剪成接口状，在护页的天头、下脚面各抹两点糨糊，使书皮和护页粘牢，把书翻过同样操作后，放在一旁压上夹板。之后对其他书本进行同样操作。包完全部书本后，用夹板压起，上压石头，等糨糊干后，即全部完成。

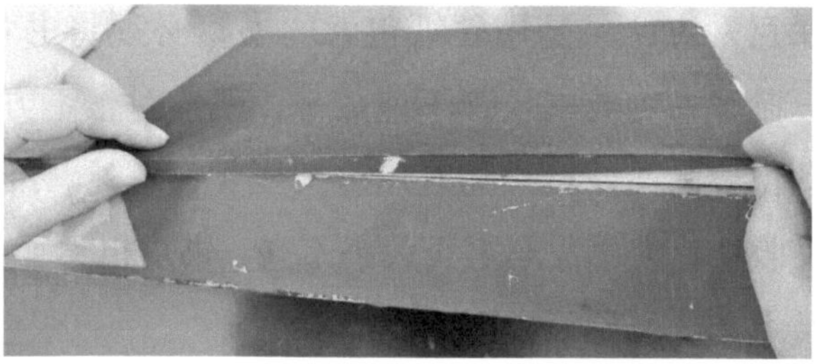

图 4-29　包书皮

（七）贴签

与蝴蝶装操作手法相同。

二、硬面包背装操作手法

用硬纸书面包背是包背装早期的做法，形同现代的精装。在订纸捻时，先将前后护页的单页从书背处回折，露出书脑，在书脑前后两面粘上宽 5～6 厘米、长与书齐的坚固布条，布条的一半露在书背外。干后，在书脑布条上，上、中、下打 6 个眼，订 3 根绵纸捻。纸捻在书正面穿紧后，在背面捆结（为使纸捻坚固，搓纸捻时在纸内可加入几条丝线），用锤将捆结的纸捻头捶平。将回折的护页打开，用稀糨糊粘在布条上，再将露在书外的一半布条往回折与书背的边棱对齐。裁两块与书大小相同的纸板，纸板的厚薄根据书本的大小厚薄决定。将纸板四面用砂纸打磨平整，在布条上抹稠糨糊，将纸板对齐书背粘在布条上，顺书背抹一层稠糨糊，上面粘一纸条。裁出前后相连的书皮，四周比书页各大出 1.5 厘米。待书背的糨糊干后，在书背中间再抹稠糨糊，两头各留出 5 厘米，将书皮对折粘在书背上，将比书背上下大出的书皮按照书背的宽窄剪两道豁口，回折粘在书背上，再将前后纸板上刷满一层稠糨糊，将书皮用鬃刷在纸板上刷平，然后把四周余出的纸边回折包住纸板，将书角上重叠的书皮剪去，干后在纸板背面粘一层比纸板稍小一些的衬纸。纸板的上下各垫一张吸水纸，用夹板夹起，压一块石头或其他重物。数日以后，待糨糊完全干透，撤去石头、夹板及吸水纸即可。

操作时应注意两点：一是用硬纸包背的书籍必须将书背裁齐；否则，包装书面以后，掀开书皮或书页都不能放平，阅读时很不方便。二是刷糨糊粘书皮时，动作要迅速，粘毕随时用石头压实；不然，纸板刷糨糊后就要膨胀，干后又收缩，使书皮与书页大小不齐，书皮也不平整。

三、包背装书籍的装修质量要求

书册三边平整垂直，书口垂直整齐，书页无缩进渗出现象。蚂蟥攀装订位置正确，两个蚂蟥攀之间呈直线，与书口距离相等。书皮纸包裹服帖有棱角、边际无缩进渗出现象，书脊挺括、平整、垂直。签条大小及粘贴方法正确。打开书籍，护页安放正确，书页的页码顺序正确。

第四节　线装

线装是古籍装帧中普遍使用的一种形式，最早可能在南宋已经出现，明代嘉靖以后才流行起来，清代基本采用这种装订方式。这种装订形式比较科学，解决了蝴蝶装易于散页、包背装装订工序烦琐的问题，其外表美观，翻阅方便，不易破散，同时又便于整修与保管，故一直沿用至今。线装根据书品的大小有四眼装、六眼装、八眼装三种形式。

一、操作步骤

（一）折页

操作方法参考包背装装修技法中的折页法。

（二）修边、加护页、齐栏、压实

技法与蝴蝶装相同。

图 4-30　齐栏

（三）订纸捻

技法与包背装相同。订的纸捻是纸钉，位置与蚂蟥攀相同。

（四）裁齐、打磨

与蝴蝶装操作手法相同。

（五）上书皮

书皮有单页与双页之分。单页装法有“折边单页书皮”，也称“普通皮”“单皮”等，是最常用的一种书皮；也有“四折边单页书皮”，又称“四勒口”“四包边”书皮，绫、绢一类的丝织品书皮多采用这种形式，因丝织品书皮边角容易脱丝影响美观，故需将其四边折回安装。双页称“环筒书皮”，俗称“筒子皮”，是一种双层连张的书皮，因而比较结实、耐用。修补珍本书籍要尽可能将原书皮保留。如残缺过多，可将修补好的书皮放在里面，外面再加一层风格古雅配套的新书皮。书皮有以下几种装法：

1. 环筒书皮装法

（1）将对折的书皮纸裁成比书的三边（除书口）各长出约 1 厘米的形式。

（2）将书放在台上，书口对向自己。把书皮纸的折口部位对准书口放在书上，双手拇指顺势堵住书口，使书皮纸与书口比齐。在书口处压上重物。掀起书皮的后半部分，在纸捻上抹两点稠浆，使书皮与书粘住。

（3）将书翻身依此法装书底。若装多册的大部头书，可暂不翻身，取第二册书放在上面，使书口比齐第一册书口，再装书皮。依次待全部装完后，盖上一块夹板，按住上下两块夹板将整本书翻身再装书底。

（4）最后将三边多余的书皮裁去。

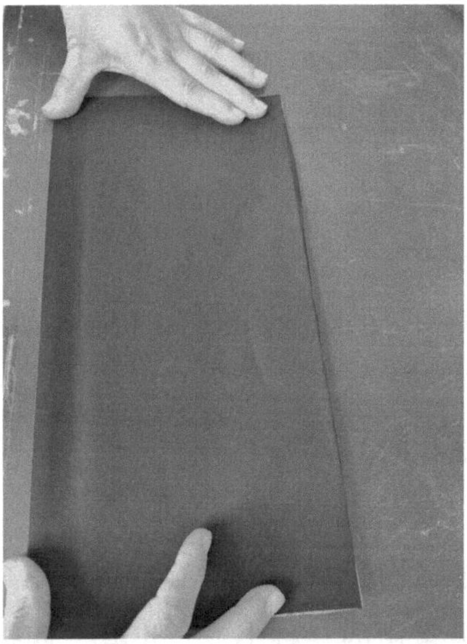

图 4-31 环筒书皮

2. 折边单页书皮装法

（1）将书皮纸裁成比书的四边各长出 1 厘米的形式。

（2）在裁好的书皮的一条长边1厘米处，用针锥比着尺子划一印痕，按印痕将书皮回折1厘米。

（3）把书皮放在书上，将折口对准书口，两拇指顺势堵住书口，使书皮与书口比齐，上压重物。掀起靠书口处书皮，在接近书口的护页上等距离抹五六点稠糨糊，再掀起靠书脑处书皮，在书脑的纸捻钉上也分别抹上两点糨糊，使书皮与护页粘住。

（4）将书翻身，书底也依法粘上。

（5）将三边多余的书皮裁去。折边单页书皮也可以在书皮纸回折的1厘米处等距离抹五六点糨糊，将单张宣纸的一边粘贴在与折口有一丝距离的位置上，然后按照环筒书皮的装法装订。

3. 四折边单页书皮装法

（1）将书皮裁成比书页四边各长出约1.5厘米的形式。

（2）台上放一块夹板，将书放在夹板上，书口朝向自己，将书皮居中放在书上，用尺板和镇块压住。

（3）两手将书皮沿着书口向下磨蹭，形成一道折痕，按折痕将书皮回折，并且在书口靠近中间部位抹三四点糨糊，将折好的书皮粘住。

（4）将书转过，使书脊朝向自己，按同样方法将书脊处的书皮余边回折，点糨糊粘住。

（5）将书转过，使书根朝向自己，两手将书皮沿着书根向下磨蹭，形成一道折痕；按折痕将书皮回折，在书角处分别将回折的书皮重叠部分用剪刀依斜角剪去，成为斜角接口状；在书根中间部位及书角上抹几点糨糊，将折好的书皮粘住。

（6）将书转过，按同样的方法将书首处的书皮余边回折，点糨糊粘住。

绫、绢等材质的书皮折边重叠处在剪的时候不要剪得过齐，最好略有一点重叠，否则容易脱丝。有些书籍因为长时间磨损，各边已不是一条规矩的直线，这样的书在扣到书角转弯处时，可以根据书角的形状先压一条印，然后在转角处剪几道短小的豁口，再照印进行折边，这样就可以把书角勒成圆形了。

图 4-32　四折单页书皮

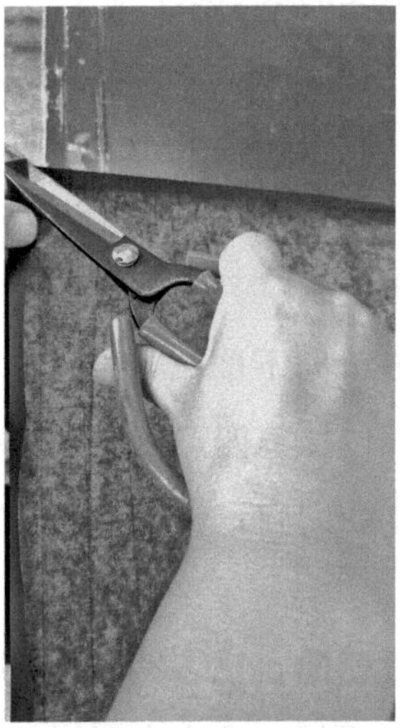

图 4-33　书皮角做法

（六）打书眼

一般应尽量使用原来的书眼，避免打眼损伤书籍。打书眼的操作程序：

1. 确定书眼的数量

书籍一般有四眼或六眼两种。特殊的也有五眼、七眼，甚至十二眼，但一般较少见，这里不作讨论。

2. 制作书眼位置的样纸

（1）取一张稍厚的与书等长、宽约 4 厘米的长方形纸张作样纸，把样纸放在书上，使其两个直角边与书脊两边的直角边对齐。

（2）根据书的大小及书脑的宽度，在样纸上靠天头书角的适当部位用锥针扎一个眼，眼靠书脊与书首边的长度和宽度分别约为书的长和宽的十分之一（也可视书的大小适当调整），作为第一个眼。

（3）将样纸对折，依针眼扎第二个眼。

（4）把对折的样纸打开回折与折边对齐，依针眼扎第三个眼。此时，第四个眼同时也在样纸上了。这样四眼的位置定好了，一般中间两眼间的距离较旁边两眼间的距离小。

（5）如果要订六眼，就在四眼的基础上接着定位。将样纸打开，把天头第一眼处书眼长的一条边三等分，按一份的长在短边靠眼处扎眼，从此眼及短边靠眼三分之一处出发分别画相互垂直相交的两条直线，在交点处用锥针扎一个眼，此为第五眼。

（6）把样纸对折，在第五眼处用锥针扎一下，此时第六眼也在样纸上了。

3. 打眼

将书正面向上放在锥板上，样纸放在书上，依样纸上的书眼用针锥在书上扎眼；拿去样纸，压上尺板、镇块，左手垂直持好铁锥子，右手持敲棒敲击铁锥子顶端，将书眼打通。较薄的书册，锥子打一二下即可贯通，厚者可打 3～5 下。特别厚者，可双向打眼，即在书册两面都确定好眼位后，从两面打穿书眼。

（七）包书角

历代装潢考究的古籍常用素雅的丝织物（如绫、绢等）包裹书角，使书籍更显古朴美观。

古籍修复过程中，如果遇到包过角的书，特别是原包角纸上有字的，要将包角纸仔细揭裱下来，修复后重新包裹。揭时可用清水润湿后将其小心取下，然后正面向下，洒水刷平于桌面上，揭去旧托纸并刮去旧浆，抻平经纬，刷上稍厚糨糊，上新托纸，最后上板绷平。

一般无包角的书修复后不再加包角，一则遵循“修旧如旧”的修复原则，二则包角涂满糨糊易招虫蠹。接书脑的书为遮住接缝，可另加包角。

包角的材料一般使用托过纸的绢，也可用绫等丝织品。书籍如果装四折边书皮，则在安装书皮前包书角。

1. 包角操作步骤

(1) 制作包角的定位纸。在书眼位置的样纸上，从第一眼（最外一眼）出发往邻近两边画相互垂直的两条直线，按画好的线在纸边沿剪出两道豁口，作为包角时的定位。

(2) 裁包角料。包角材料为长方形的小条：长＝书角长＋书角宽＋0.1厘米，宽＝书的厚度＋1.5厘米（也可视书的厚度适当增减）。

2. 包角方法

(1) 将定位纸放在书上，使定位纸的直角边对齐书脑下脚（或天头）直角边，上面压上镇块。

(2) 左手捏住包角部位，右手中指在包角纸上抹稠糨糊，粘包角纸，依照定位纸的一个豁口将其粘贴在书根上，用右手大拇指把包角纸从书根顺着书角推粘在书脊上，并且与另一个豁口相齐。

(3) 掀开书籍包角处书皮的一个角，用左手的拇指和食指轻轻地捏紧书角，右手将包角纸的余边折粘在书脑上。

(4) 包好下角后，将书翻身，依法再包上角。

(八) 穿线

线装书多用丝线穿订，所用丝线与书册厚薄成正比。书册厚，则线宜粗一些；薄则，宜细一些。丝线使用时，需用染料将其染成较古旧的茶色。

一般一本四眼线装书用线的长度为书长的六倍，六眼书用线为书长的八倍。一本书的具体用线长度需视眼数和书册厚薄适当增减，书厚、书眼多，则用线长；反之，则用线短。

穿订的方法：首先，将线穿在针眼内（为省去每次穿针眼的麻烦，可先在针内穿上约 18 厘米长的一段线，拴成一个小线套，以后只需将线套在线套内即可），线的两头对齐，成为双股。将书正面向上放在台上，书脑朝向自己。其次，从正面右方第三个书眼处开始由上往下穿入，将线头拉至书眼前约 2 厘米时，用针从书脊中间将线头靠中间拨进书脑内，再将线绕上从原眼往下穿入，把丝线捋平、拉紧，右手拉紧线头，左手捏住书脑将书册翻身，将针线自上而下从第二眼穿出，此时线头被紧扣在书脑中间。再次，将线绕上，从原眼往下穿入，右手拉紧线头，左手捏住书脑将书册翻身，将针线自上而下从第一眼穿出，再将线绕上，从原眼往下穿入，将书册旋转 90 度，使天头朝向自己，丝线绕过书首，再次从第一眼穿出，将书翻身，依次穿眼。然后，如果是六眼的书，再继续将针线自上而下从第五眼穿出，将线绕过书首从第五眼往下穿入，将书册旋转 90 度，使书脊朝向自己，将丝线绕过书脊，再次从第五眼穿出，依次穿眼。最后，回到开始时的第三眼处，将针绕过书眼两边的线形成一个线圈，用针通过两边眼将线从线圈中穿出打结拉紧，再将针线穿入原眼，将书翻身，拉紧丝线将线剪断，沿书眼留 2 毫米线头，用锥子将剪断的线头塞进眼内。

图 4-34 取线

图 4-35 穿线

注意穿线用的缝背针在用之前需要将针尖磨圆、磨钝，这样针尖不易扎入丝线中引起勾线。

（九）贴签

与蝴蝶装操作手法相同。

二、线装书籍的装修质量要求

书册四边平整垂直，书口垂直整齐，书页无缩进。护页安放正确，纸捻装订位置适当。书眼垂直，书眼间距适当。装订线呈直线，无缠绕，松紧适宜。书皮安装服帖，边际无缩进渗出现象。包角料粘贴严密、平齐、不松、不皱，穿线正好压住包角料两边。签条大小及粘贴方法正确。打开书籍，书页的页码顺序正确无颠倒。

图 4-36　四眼装

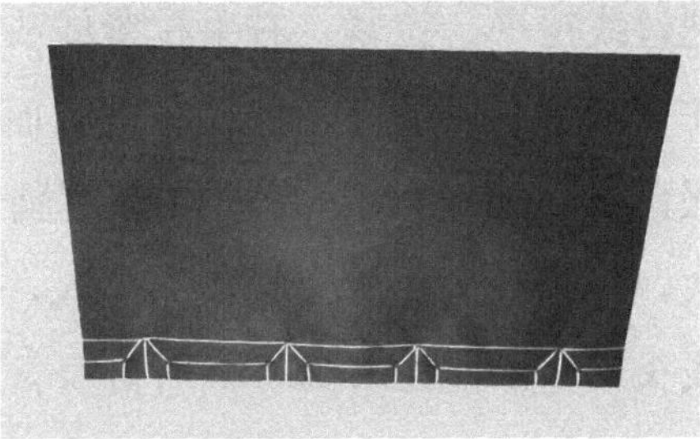

图 4-37　龟背装

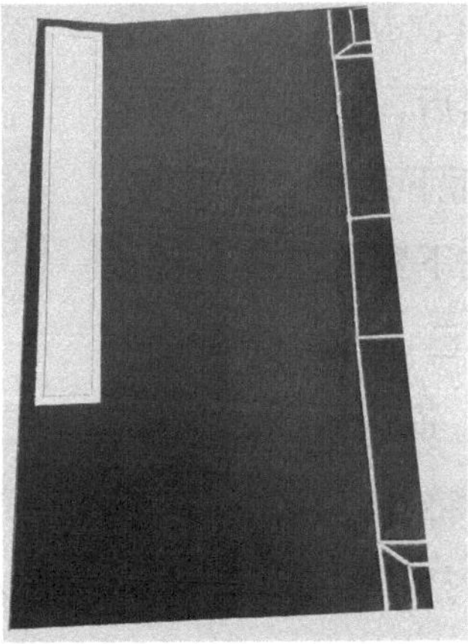

图 4-38　六眼装

第五节　金镶玉装

金镶玉装是中国古籍装帧中比较讲究的一种形式。这种装帧形式费工费料，技术操作也颇为复杂，所以除善本、珍本外，普通版本书籍很少采用。

金镶玉的名称来历颇久。传说王莽做皇帝时，向孝元皇后索取传国玉玺，孝元皇后哭着把玉玺抛在地上，摔坏了一个角，后来用黄金镶补完整，称为“金镶玉”。古籍书页颜色泛黄，镶上白纸，好比黄金镶上白玉，所以也称之为金镶玉。

金镶玉还有两个名称，一是“惜古衬”，意思就是保护古籍的镶衬法；二是“袍套装”，意为这种镶衬过的书纸页大而书页小，好像古人穿的长袍、短套一样。

用金镶玉方式装帧的古籍，天头、地脚、书脑三面都有衬纸，书页在这样的保护下不易损坏，而且形式上很整齐、美观。书页破损严重或边栏外面有批注文字而不能裁切的珍贵古籍，最适宜采用这种装帧形式了。毛装的稿本书，毛茬纸长短不一，也适用金镶玉的方式装订。此外，有些书口较小的珍贵古籍，虽然损伤不严重，但经过金镶玉的装帧，既可以保护原书，又可以使书册加大，增加了美观度。这就是金镶玉装帧至今不衰的原因。

一、操作步骤

（一）修整书页

先把要做金镶玉的书页修补整齐，不管书口是否开裂，每页都要连口，尤其是书脑后面的锥眼一定要补好，以免镶纸后露出旧的洞眼，影响书籍的美观。书页修补完毕，依次喷水、倒平、压平、折页、锤敲、齐栏、草订，

图 4-39　修整好的书页

然后修整毛茬、打磨，打磨完工后，可撤去纸钉，进行金镶玉装帧。

（二）选配镶衬纸张

金镶玉的镶衬纸宜选用棉连纸。棉连纸质地柔润、细腻，有利于长期保存，不易损伤书口；可采用质量上乘的单宣；也有采用连史纸的，但连史纸历时久了容易发脆，不利于长期保存。镶衬纸的厚薄最好与书页相仿。

（三）开料

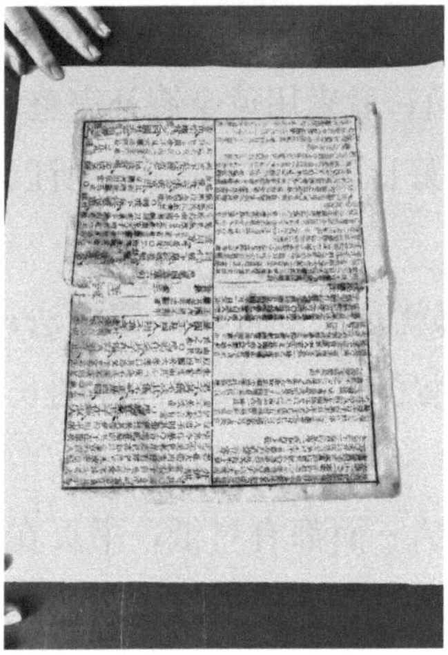

图 4-40 开料

镶衬的纸页要比原书页的四边各大出 4～5 厘米，这是因为镶衬纸在铺放书页后还要回折，所以开料时先要将大张的镶衬用纸按所镶书页的大小计算出每张纸大体能开多少镶衬纸页，然后裁切。裁好的纸页都要顺着正面摆，不能正反面交错乱放。随后对镶衬纸进行喷水压平。喷水时，可以一二十张纸为一沓，不能喷得太湿，亦不宜太干，以除去镶衬纸上的折痕。喷水要注意均匀，以免纸上产生水点痕迹。喷完水，把镶衬纸卷成一卷放在一旁，让水分在纸上均匀散开。大约过一刻钟便可把镶衬纸放开、蹾齐，再夹上一些吸潮纸，然后在上面盖上一块平板，板上压些重物，把纸压平。待纸干后，把四周的毛边裁齐备用。

（四）扎眼

在镶衬纸上扎针眼，作为铺放书页的准线。先用一页镶衬纸对好中缝，比画天头、地脚，天头要比地脚稍大，如天头镶出 3 厘米，地脚就应镶出 2 厘米。然后，在书页地脚、书脑处，紧靠左右两角，用挑针在镶衬纸两边各扎一个针眼，把书页拿掉，再把扎了眼的镶衬纸平铺在一沓镶衬纸的上面，按照上面那张纸的针眼，把一沓镶衬纸全都扎上针眼，作为铺放书页的准线。

图 4-41　扎眼

（五）铺放

把要镶的书页铺放在镶衬纸上。铺放书页一般以一册为一个单元，特别薄的书籍可以两册为一个单元，特别厚的书籍也可分作两个单元来镶。

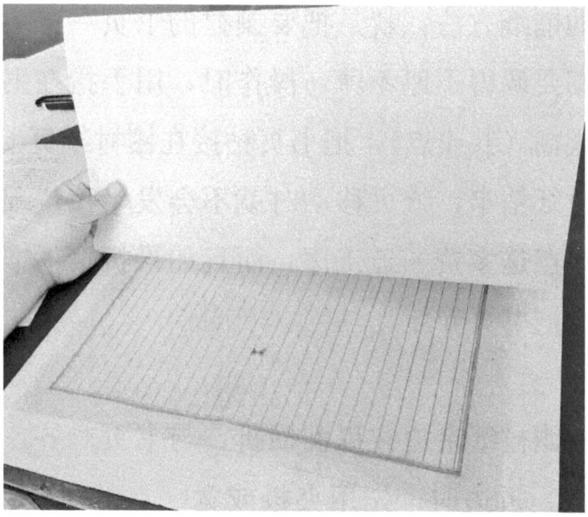

图 4-42　铺放

操作时，先取一张比镶衬纸更大的白纸铺垫在工作台上，再取一沓供一个单元使用的镶衬纸正面朝下放在铺垫纸上，让镶衬纸的地脚靠近操作者，在天头处压上镇尺（也可以压上一根长尺，尺板上压重金属块），然后把镶衬纸翻上去，但最后一页不要翻动，接着一张一张地铺放书页。铺放时，先打开书页，再用双手捏住书页两边的下半部，正面朝下，用书脑地脚处的书角对准镶衬纸上的两个针眼，把书页平放下去。书页铺放下去后，用一只手按住书页，排去夹在两张纸中间的空气，然后用另一只手从上面掀下一张镶衬纸盖在书页上，这时便可腾出按在书页上的手，把盖在书页上的镶纸用双手铺平。接着，按这种办法依次铺放第二张、第三张……书页，直到把一个单元的书页全部铺完。然后，取下压在天头处的尺板，放到中间压上去，就可以进行下一道折边的工序了。

铺放书页在技术操作上要注意镶衬纸页一定须摆平正。往上面铺放书页时，手法一定要轻，避免把书页和镶衬纸页弄歪。特别是在书页铺进镶衬纸以后，更要注意避免发生移位现象，更不可搞乱次序，否则就要返工了。

以上介绍的铺放书页方法是一种不用糨糊的铺纸方法。除此之外，还有一种使用糨糊的铺纸方法，就是把要镶衬的书页一张一张地用糨糊粘在镶衬纸页上。糨糊要调得不厚不薄，操作时，用手指在书脑左右、上下部位各点上一小点糨糊（共 4 点），把书页粘接在镶衬纸页上即可。用糨糊铺纸，将书页与镶衬纸粘牢，纸页移动时就不会发生移位现象，万一书页乱了也不要紧。其缺点是多费一道工序，而且如果折页不准，还得把糨糊挑开，挑得不好，易把书页弄坏。

（六）折边

把大于书页的镶衬纸余边往里面回折，与书页对齐，使镶衬纸的 4 个边与书页厚薄一样。折边时，先用夹板或宽一点的木板压住书页的一半，并且在夹板上压一些重物，防止夹板滑动而使书页发生移位现象。压好一半书页后，就可以把另一半没有压住的书页和镶衬纸掀起来翻到夹板上，然后找一张长 30 厘米、宽 15 厘米的深色纸条，作为隔离垫纸，作为区分书页与镶衬纸的界限。接着，把翻在上面的书页和镶衬纸各掀一张放在隔离垫纸上，再用双手从书页中间往两边平铺，挤掉纸张夹层中的空气，双手平铺到左右两边书脑的地脚处后，即用双手的中指揿住书页和镶衬纸，用大拇指和食指捏住镶衬纸的余边，对准书页的地脚往里面回折。操作时，注意不要把镶衬纸叠到书页上，也不要在书页和镶衬纸中间留有空隙，一定要对齐书页和镶衬纸的边口，然后将回折的纸边压死。这时再把隔离垫纸拿出来，铺到折过边的书页纸上，把翻起的书页再各掀一页放到隔离垫纸上往里回折。依此类推，直到把书页地脚处全部折完后，就可以把书页调转方向，压在地脚处，再回折书页天头处的余边，其方法与折叠地脚处余边相同。天头、地脚的余边都被折好后，把压板横过来，压在书页一边的书脑处，将书页和镶衬纸都翻上去，也像折天头、地脚的

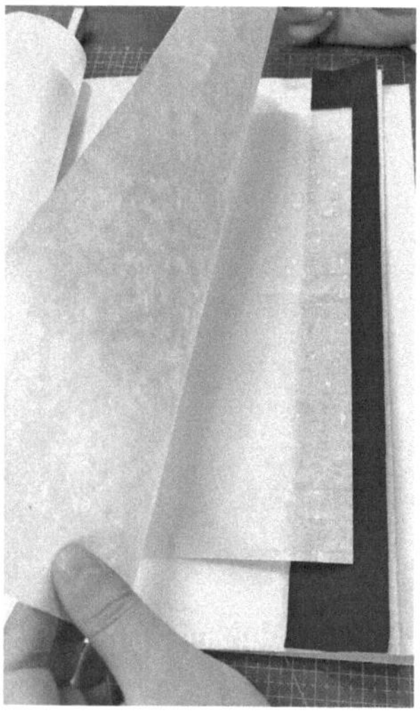

图 4-43　折边 1

图 4-44　折边 2

图 4-45　折边 3

余边那样来回折此处的余边，只是余边折好后，要在与天头、地脚折边交界的地方用小刀裁出一道豁口，从这道豁口把回折的余边拉平；否则，天头、地脚与书脑交界的方角会比其他部分高出一块。折好一张纸后，依次再折另一张，直到全部折完，再转过头来，用同样的方法回折另一边书脑处的余边。一个单元书页的纸边被全部折完后，用手摸一下四周回折的地方是否与书页齐平。如果回折的地方比书页明显高凸，就应隔几页把回折的纸边拉开，使其成为单边，直到书页与镶衬纸齐平。如果回折的地方比书页低凹，就应每隔几页在回折处再粘接一张纸条，使书页与镶衬纸齐平。

为了节约用纸，还可以把回折余边的方法改为"贴垫条"。"贴垫条"的镶衬用纸要比回折余边法小得多，大致每个边只需比书页大出 1～2 厘米即可，这样可以节省用纸。"贴垫条"的操作方法：在铺好镶衬纸以后，用事先裁好的大小与镶衬纸余边相同的垫条纸垫衬在书页天头、地脚与左右书脑的四周。垫衬时，同回折余边法一样，用夹板压住镶衬纸和书页的一半，再把另一半镶衬纸和书页翻到压板上，然后垫上深色的隔离垫纸，翻下书页和镶衬纸各一页，在靠书脑的地方点上两三点稍稠的糨糊，再沿着书页把垫纸条粘上。粘完地脚，再翻转来粘接天头，接着粘接左右书脑处。用"贴垫条"的办法做金镶玉，虽然节约了一些纸张，但操作起来较麻烦，一般不采用。即使采用，也常用于贴垫左右书脑，而用来贴垫书页四周是极少见的。贴垫条的书籍碰到高低不平的情况时，可以采用减少或增加垫条纸的办法弥补，直到镶衬纸与书页齐平。

（七）折页

把折好余边的镶衬纸和书页按书页中缝对折，以便装订成册。折页的具体操作过程：先把折好四边的书页天头朝左、地脚朝右，书脑一边放在胸前，再在工作台右边放上一块夹板，夹板上放三张折好的带衬护页，这时就可以折页了。折页时，先用左手中指压住书页中间的书口，右手提起镶衬纸和书页，再用双手的大拇指和食指分别捏住书口两头，用双手中指顶住书口，然后把中指腾出来，用双手沿书口的中线折过去，提起书页，看看镶衬纸是否顶到书口。如果没有顶到书口，就要拿起镶衬纸和书页轻轻在桌上蹾一下，让镶衬纸顶到书口，然后轻轻放在垫有护页纸的书夹板上。第一页折完后，再折第二页……依次将一个单元的书页全部折完后，再把书页全部提起来蹾齐书口，用手摸摸是否平整。如果有高低不平的现象，就用锤子轻轻敲敲，再送进压书机压上一两天。这道工序就完成了。

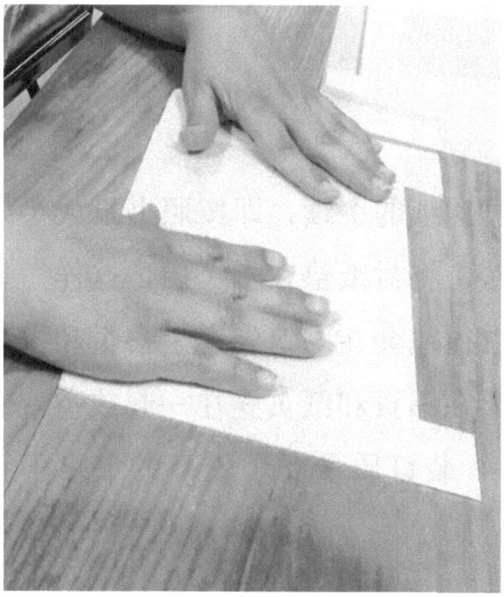

图 4-46　折页 1

图 4-47　折页 2

（八）装订

金镶玉的书册经折页、压实后，就可装订了。装订的过程如齐栏、草订、裁切、打磨、包角、扣皮、打眼、订线等，同蝴蝶装，这里不再赘述。

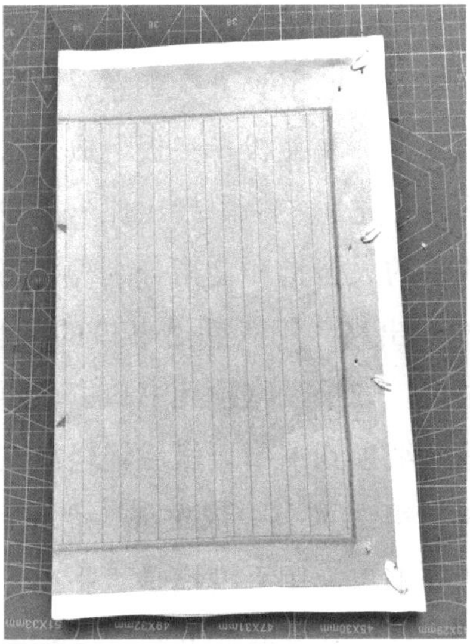

图 4-48　装订

二、其他三种装帧方法

（一）衬镶法

裁纸喷平后，按书比好规格，不经过铺纸的手续，即按照书页大小先折边，再将纸折成筒形，依照衬纸的方法，将衬纸垫在书页内，这样做省去铺纸和粘书脑的手续。但是，衬镶的书往往会在书口处产生书页和衬纸参差不齐的毛病，并且在上下书边有时存在书页和纸页叠在一起或空着的情况，所以这是一种不正规的粗糙做法，装订质量要求较高的书籍不宜采用。

（二）连粘带镶法

凡是书籍破损较严重、书品又过于窄小的普通书籍，可采用连粘带镶法。操作时简便省工，从外表来看与一般镶法的成品相同，但翻阅起来不够坚固。这是因为破烂的书粘在新纸上，由于新旧纸张的韧性不同，在粘糨糊的周围极易破裂，所以对一些善本书不能采用这种做法。

操作时，先按照书页的页数准备镶书用的衬纸，将纸裁成比书页四周各宽 3 厘米的纸页。将纸的正面向下放在桌上，面前放一块葛板，将书拆开放在桌右上方。取一张书页，正面向下，平铺在葛板上，右手持笔在书口处由上到下抹一道稀糨糊，在书页上破烂的地方也用笔抹上稀糨糊。取一张纸，按照书页四周大小，铺在书页上，用右手铺拉平整，揭起放在备好的另一块葛板上，再铺第二页……粘完全书后，用水喷平及倒干、折四边、折页、捶平、压实、齐书下脚（不齐栏）、订纸捻等与一般镶法同，只是不单独溜口、不修补、不裁切原书。

（三）裱镶法

一般线装书严重破烂糟朽而书品又过于窄小不宜裁切时，可采用裱镶的方法。这种方法既能将书页装修整齐，又能将书品展宽，是一种省工省料的操作方法。其缺点是裱的书页较硬，不像修补的书页柔软；裱的书页未经过修补，虫蛀过多的地方往往低洼不平，颜色也不均匀。

操作时，先将纸裁成比书页四周各宽约 4 厘米的纸页，将多出的下脚部分折回，仿照背书页的方法刷糨糊。但是，因为裱镶的书页上下两端都有纸边露出，刷糨糊时要注意将书页四周的糨糊擦净，免得将纸弄脏。干后喷水压平，折四边，按一般镶法装订整齐。注意裱镶书页用纸要薄厚适中，保证修装好的书能够平整。镶裱用纸过厚，则书更硬挺；过薄，则天头、下脚、书脑等处与书页中间不能一样平整。因此，最好采用与书页同样薄厚的裱纸。裱书用的糨糊以稀为宜。

三、金镶玉装书籍装修质量要求

衬纸的折口和书页折口紧贴无缝隙。书册四边平整垂直，书口垂直整齐，书页与衬纸无缩进突出。齐栏整齐，书页边呈一条垂直的直线。护页安放正确，纸捻装订位置适当。书眼垂直，书眼间距适当。书皮安装服帖，边际无缩进渗出现象。签条大小及粘贴方法正确。打开书籍，书页的页码顺序正确。

图 4-49　金镶玉装内页

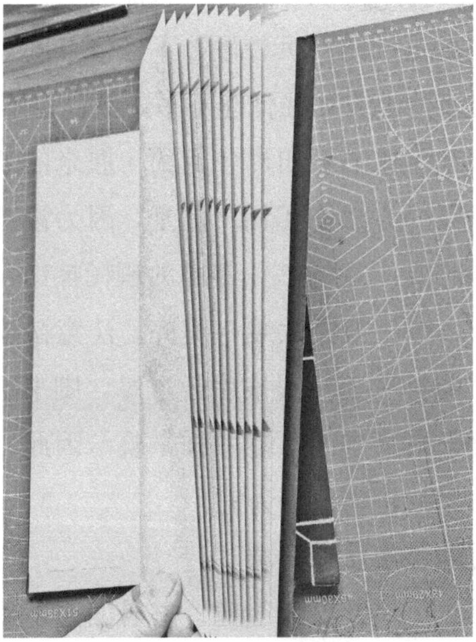

图 4-50　金镶玉装书口

第六节　册页装

册页是一种比较考究的古籍装帧形式，如名贵的函札、诗稿、碑帖和小幅的书画等多采用这种装帧形式。

一、操作步骤

（一）制作裱本样纸

册页式尺牍的装裱通常在一块玻璃板上进行，将裱本样纸压在玻璃板下。先取一张白纸，在纸的四周画出尺牍装裱的规格尺寸，如果装裱完后裱本若高 33 厘米、宽 20 厘米，则在白纸上画一个高 33 厘米、宽 40 厘米的长方形，然后根据信札在纸上应占的位置画出天、地、隔水及边的位置。如果整本册页里的信笺大小一致，此即托裱信札的标准样纸。如果整本册页里的信笺有大有小，就需用笔在天头线、地脚线内外及隔水两边每隔 0.5～1 厘米分别画几条平行线，将此作为托裱信札的标准样纸。裱本样纸的天头一般大出地脚五分之一，隔心与边宽相同或略小。

图 4-51　制作裱本样纸

（二）裱信笺

信笺的托裱方式有接镶裱和挖镶裱两种。接镶裱的操作方法有以下两种：

1. 先刷复背纸，再粘贴镶条

（1）取两页信笺，正面朝下依裱本样纸的位置摆好，前一页放在左边，后一页放在右边（如果裱本样纸天头朝下被压在玻璃板下，则前一页放在右边，后一页放在左边）。如果信笺太大，超过标准纸样规格线，则可用两种方法：一是每开只放一页信笺并居中摆放，二是将超出部分往正面折叠进去并不予刷浆。

（2）将复背纸裁成比裱本样纸四边各长出约 2 厘米大小。在信笺上刷稀浆，将复背纸依裱本样纸刷上。

（3）在复背纸上刷浆，取宣纸条覆刷在复背纸的天头、地脚、两边及隔心处（即背面无信笺处），以免出现凹凸不平的现象。刷条时，先刷贴天头、地脚，再刷贴两边和隔水处。刷贴隔水处时，将事先裁好的比隔水宽度稍宽一丝的宣纸条，一边与天头边稍稍相压，将衬条刷上，然后一只手用马蹄刀的刀口对准衬条与地脚边相接处，另一只手捏住衬条的一端，将衬条沿着刀口撕开。用同样的方法刷贴两边。

（4）刷上四层托纸（托纸的层数可依照所用托纸的厚薄及册页页数的多少决定，托纸厚或页数多，托纸可少托一二层，反之则多托几层），上壁绷平。

图 4-52　托纸

2. 先刷贴镶条再复背

（1）取事先裁好的天头、地脚的镶料，用浆刷将其分别刷平在天头和地脚的位置上。

（2）取事先裁好的边镶料和隔水镶料，用浆刷将其分别刷平在边料和隔水的位置上。刷时，将镶料的上边稍稍压在天头的镶料上，下边用马蹄刀的刀口对准镶料与地脚边相接处，将镶料沿着刀口撕开。

（3）取两页信笺，正面朝下依裱本样纸的适当位置摆好，并且使信札的四边压在镶料上一丝，然后刷上五层托纸并上壁绷平。

（三）裱信封

尺牍在传递过程中，为保密、保护或投递方便，一般外面都套有信封，所以信封也有极其重要的收藏价值，如收函者的姓名、官衔、地址等对于考证收信者是不可或缺的史料；信封上有关传递方式、时间等的记载，对于研究邮政及交通发展具有十分重要的价值；特别是公文函件，其有特制的信封，贴有封条，有的加盖关防等印鉴，封有火漆，更是弥足珍贵的文物。因此，信封等附件要与原尺牍同时装裱，既便于收藏，又不失其价值。信封可依下列方法进行装裱：

第一，将信封沿右边裁开（不要沿中间原粘接处揭开，因原粘接处往往贴有封条或钤有关防等，或者封有火漆，揭开会损坏它们），保留封口信舌。

第二，原信封往往由双层纸裱成，因年久较旧，有起壳现象，装裱时一般将托纸揭去后再行装裱。如果原信封纸较薄，而托纸为衬托信封纸的印花纸，则须将原托纸和信封纸一起重新裱托后再装裱。

第三，按托裱信笺的摆放方法及复背方法托裱信封。

（四）齐边

按裱本的大小留出约 6 毫米的裁切余地，将单册页的左、右、下三条边裁去。

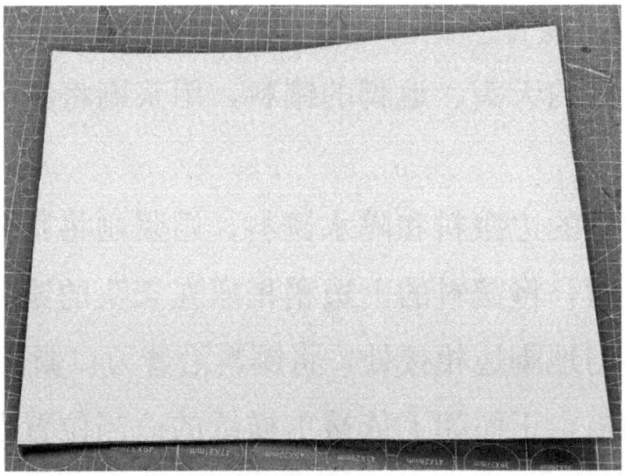

图 4-53 裁托纸

（五）折页

将单册页正面朝上放在台上，用尺对准中线，左手按尺，右手执竹起子，沿着尺子划出折痕，随即翻起右半页，齐界尺捋出一条折印，去尺，再将折印撤砑平实。按此法将全套册页折完、叠齐、压实。

（六）配页

把单册页按一定的次序整理后，前后各配上二页副页。

（七）连页

图 4-54 连页

将整套册页按顺序错开排列成阶梯状，每页间留出约 1.5 厘米的空隙，在空隙处点厚浆，然后两手轻轻提起册页的两边，将册页的折缝处蹾齐，下边也基本蹾齐，待裁切。注意抹浆不能过湿、面积不能过大，否则册页不平。

（八）裁切

用机器刀裁切册页的三条边。如果安装锦包面，封面纸板可与册页同时裁切。

（九）装封面

册页封面都为硬板式，而且装潢丰富多彩，常用的封面材料有以下几种：

1. 木板面

木板面可用红木、樟木、楠木等优质木料制成，面板大小与册页相同，板面厚 0.4～0.6 厘米。正面锉去四边的棱角并上蜡打光，取其木质原色。木板面也可采用一般质地较细、不易变形的木料制成，正面涂漆料。

2. 嵌锦木板面

（1）将木板按册页大小裁好，每边可大出一丝，四周镶优质木料（如红木、紫檀木等）边框，边框宽约 1 厘米，上面为圆弧形。

（2）将薄纸板按板面中间边框内的规格裁切，把包面锦裁成四边比纸板各长出约 1.5 厘米，长出部分为回包余地；在纸板背面的四边刷 1 厘米宽的浆口，锦略润清水后，将纸板放在锦上，四周回包粘贴在纸板上，行话称“空绷纸板”。

（3）在板框内点浆，将空绷纸板嵌于木板上。

3. 锦包面

锦包面以硬纸板或薄木板做胎，用锦糊就。硬纸板的厚度约 0.3 厘米，薄木板宜采用五层椴木胶合板，优质纤维板亦可。

将锦裁成四周比胎板各长出约 1.5 厘米，在锦料背面刷满稍稠糨糊，将纸板放在锦料中间，将锦的花纹对齐纸板的四边刷平。将纸板四周的余料回折包住纸板，包到纸板的四个角时，可把回折的料打折粘贴在纸板上（或者在纸板四周角处按三角形状各剪去一个三角，使靠角上的料留出约 0.5 厘米；用两只手的大拇指先将两边回折的料用指甲将其压平在书口侧面的平面上，然后把书口余出的锦折回粘贴在板上），将角包好，然后在纸板背面粘贴一张比纸板的四周各小 0.3～0.5 厘米的白纸，晾干后待装。

在封面背面四边抹一条 1 厘米宽的厚浆，将封面放在册页的上面，与副页的四边相粘贴，册页底面也按此法装上封面，压实待干；或者在副页的一条耳子上抹浆，将封面放在册页的上面，使封面的一边与副页的耳子粘贴，册页底面也按此法装封面，压实待干。

图 4-55　锦包面

（十）贴签

签条通常选用洒金宣或深色仿古宣，也可将签条托裱成四周镶有 0.15 厘米宽的白色软签条，长为封面长的十分之七至三分之二，宽约封面宽的六分之一。将签条贴在册页封面的左上部位，距边口约 0.5 厘米；或者贴在册页封面的中上部位，距上边口约 0.5 厘米，刷满浆粘贴。

二、册页装裱质量要求

书册四面平整、垂直，无起刺、断裂现象。封面安装无起翘现象，锦面包裹花纹排列整齐。册页心托裱平整洁净，无跑墨脱色；镶接处平整且接缝宽度适宜、相等。书册镶料的尺寸、长宽比例合理。签条大小及粘贴方法正确。书册页码顺序正确无误。

图 4-56　册页装封面

图 4-57　册页装内页

第五章　古籍修复程序及技法

第一节　古籍修复基本步骤

在修复古籍时，为了达到规范性、科学性，必须遵循一定的操作程序。

第一步，登记古籍信息，建立修复档案。对古籍进行修复，首先应核查古籍详细信息并进行登记、建立修复档案，其内容应包括古籍名称、年代、版本、文种、总册数、送修册数、书页总数（张）、病害状况、原物重量、原物尺寸、修复后重量、修复后尺寸、修复过程记录、修复后的总结及自评估意见、验收意见等。

第二步，消毒、除尘。

第三步，分解书籍。拆书皮前，应先将订线剪开（注意拆线时不要将书勒坏），将书皮和保护页慢慢拆下。撤纸捻时，应先挑开挫在一起的纸捻，将其剪断再拔掉纸捻。分离书页前，应做好书页顺序记录。

第四步，揭开书皮、书页。（详见本章第三节）

第五步，书页去污除酸。（详见本章第四节）

第六步，配纸。（详见第三章第二节）

第七步，制作糨糊。（详见第三章第三节）

第八步，修补书页。（详见本章第六节）

补书页的方法有手工修补和机器修补两种。手工修补法是将书页背面

图 5-1　分解书页

向上置于补书板上，用选配好的补纸与洞口覆贴并对好纸纹。贴处涂 0.2 厘米宽的合适的稀糨糊，再用衬纸吸水按压，然后以小刀或镊子剔除多余边纸。顺序是“先补中心，后补边”“先补大后，补小”，每补几个洞之后，就要将书页掀起一下，避免书页与补书板粘连。手工修补法是传统修补法，对于修补较大的洞口效果很好，其不足之处是补口会增厚，造成薄厚不一，影响书页平整度。机器修补，也称纸浆补书，是用打制的纸浆水灌淋于洞口使之弥合的方法，用于修补小洞效果甚佳，如虫蛀古籍等。纸浆补书法的优点是洞口周围不会增厚，修复后的书页平整，弥补了手工修补法的缺陷。

补书口。书口破损可分两类，一类是书口破损部分少或一半，未全部断裂；另一类是书口全部断裂。这两种情况的修复均可采用衬托法，即用细条纸在背面衬托压平。

托书页。对于老化霉变较严重的书页，因纸张强度降低，应在书页背面托一层纸进行加固。做这个工作时，注意掌握能补的书页尽量不托的原则。

第九步，喷水压平。手工修补后的书页或补口经过糨糊的干燥收缩就会显得凸凹不平，需要平整。其方法是用喷雾器向衬纸上喷少许水，然后将书页放入压平机压平、干燥。注意不要出现倒页，以免书页粘连。

第十步，古籍复原。一是折页。折页前先将书页顺序整理好，有字的一面朝下，第一页要放在最下面，将书页的天头朝左、下脚朝右放在一张洁净的纸上；然后将书页对背折叠，逐页折完、压平；最后把多余补纸边缘裁齐。二是齐栏。①排栏。右手自下而上逐页拉动书页，将栏线对齐。②碰针。在订书板上垂直扎上两根针，将书页每张对齐，书口顶住针使栏线对齐或下脚对齐。三是捶平。书页修补后，厚度增加，需要用专业木槌将接口处和修补部位捶平实以减小厚度，使书页平整。四是加护页。书页按顺序排好后，选配尺寸一致、纸质及厚度相近的纸料在上下各加一页，做成上下护页。五是打洞下纸捻。压平书页后，在书背处打上洞眼，穿入纸捻或纸钉，订完纸捻后将其锤平。六是裁齐、包脚。将大于原书的补纸裁切整齐，但绝不能裁切原物。对于某些古籍，为了美观和避免书脚磨损，采用布料或绫、绸等包脚，增加其牢固度和封面的挺括性。七是装书皮、打眼。装书皮时，书皮与书芯要契合。书皮大致被分为上皮、筒子皮和扣皮三种。装订书籍要打两次眼。第一次在书芯处打 2 个纸捻的针眼，两个针眼一般在距书脚位置各三分之一处，距书脊 6～9 毫米。打眼要求垂直、无扎裂、无扎豁，针眼直径以能入针穿线为准。第二次是打线眼，在配好书芯与封面后，打 4 个或 6 个眼。打眼时，注意从书的两面打，打第一面时力量要轻，针锥尖微露就停手，然后翻面再打。这样，正反两面线眼大小相同、匀称美观，也便于穿线。八是穿线订书。用白色棉、丝、麻线穿过针孔。穿线用双线，依不同的穿线方法入线，拉线要松紧适度，这样穿线后的书册比较平整牢固。双股线要并列排齐，以线不交叉、不重叠、不分离、不扭曲为标准，打结不能外露。丝线的粗细选择要与书册的大小厚薄相协调。小而薄的书册用线稍细些，大而厚的书册则相反。同时，把线染色做旧使用更好，可以与古籍的色度相协调。九是贴书签。书签一般贴在书皮或书套正面左上端，有方签和长签之别，贴完后用一条宣纸吸水压平。

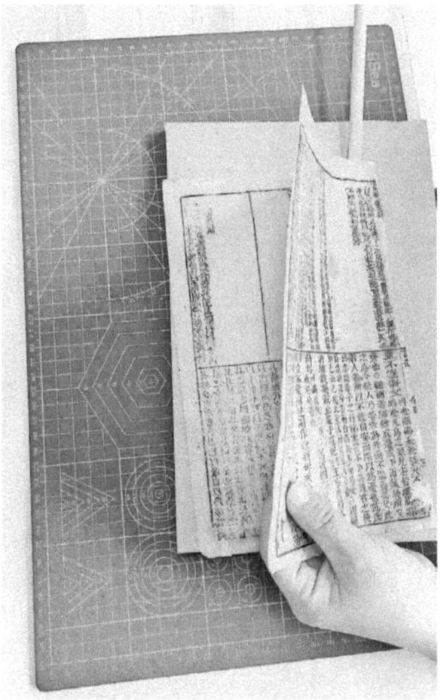

图 5-2　折页

图 5-3　排栏

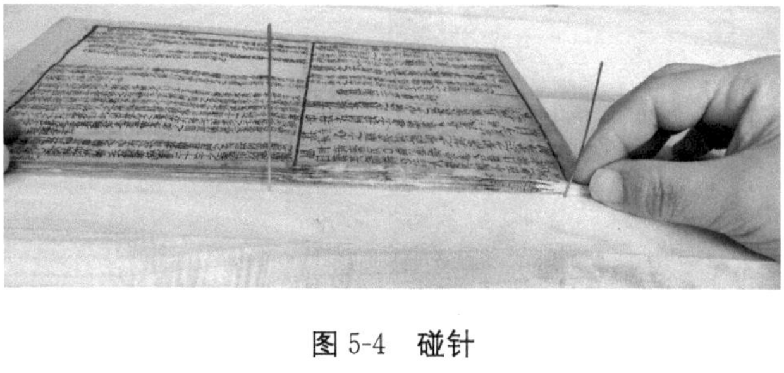

图 5-4　碰针

图 5-5 捶平

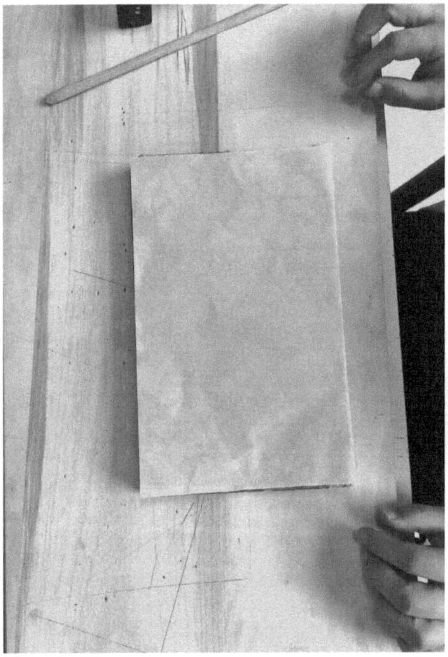

图 5-6 加护页

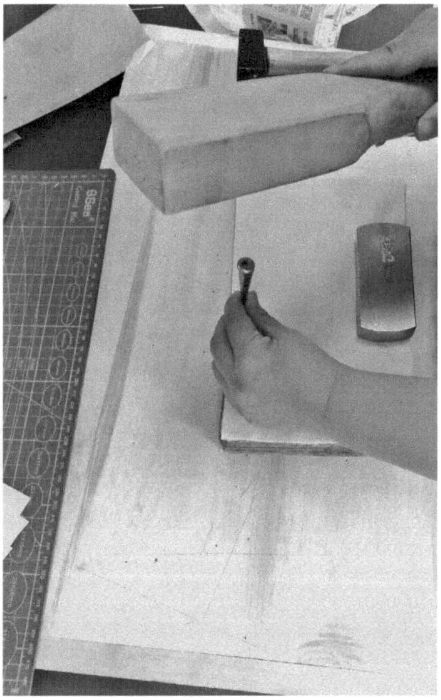

图 5-7 打洞

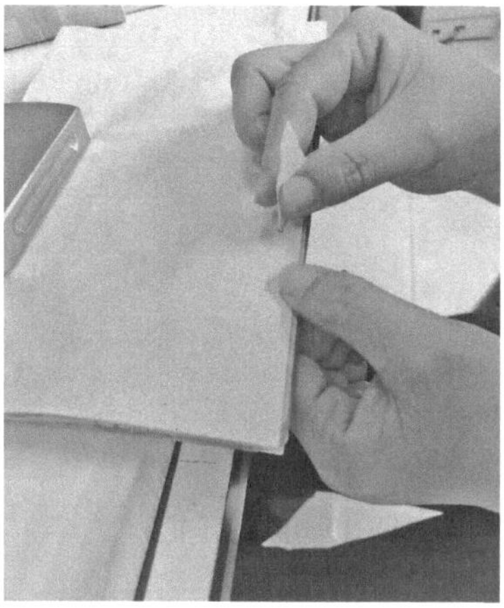

图 5-8　下纸捻

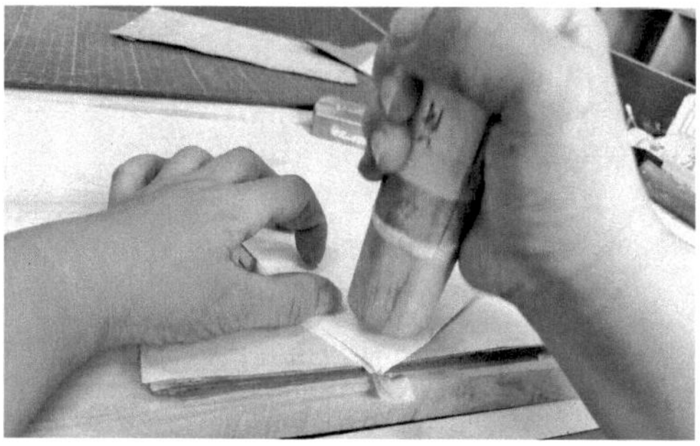

图 5-9　捶平

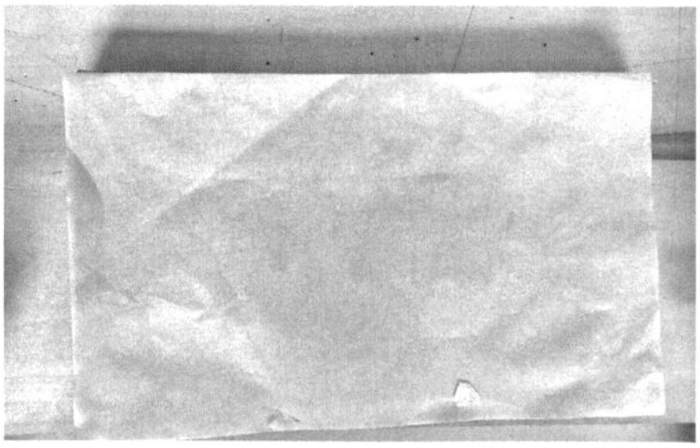

图 5-10　订好纸捻

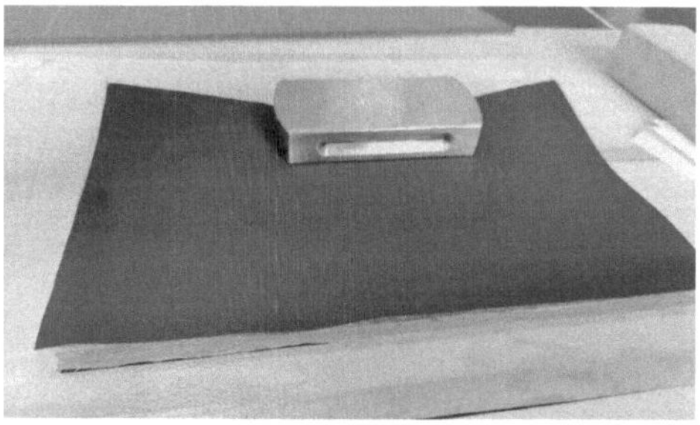

图 5-11　裁齐

图 5-12　装书皮打眼

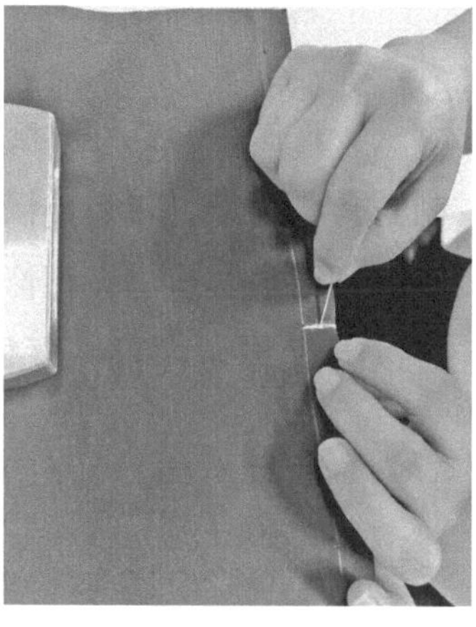

图 5-13　穿线订书 1

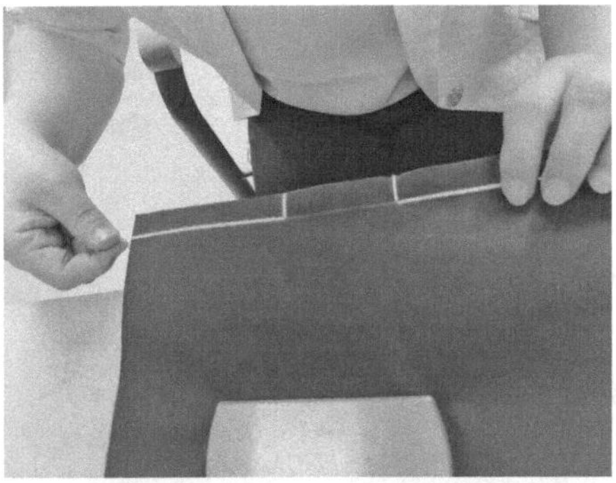

图 5-14　穿线订书 2

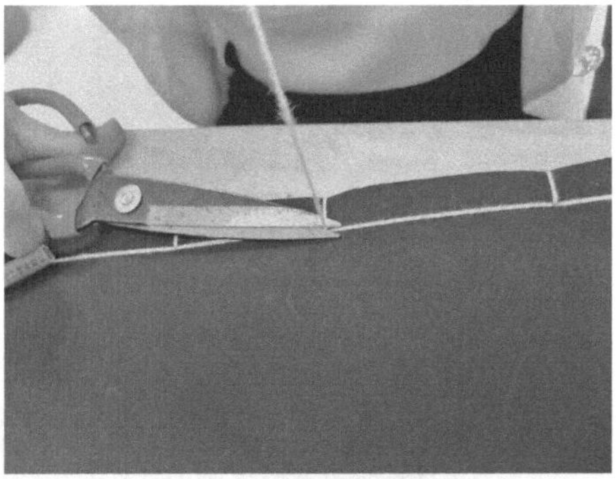

图 5-15　穿线订书 3

图 5-16　穿线订书 4

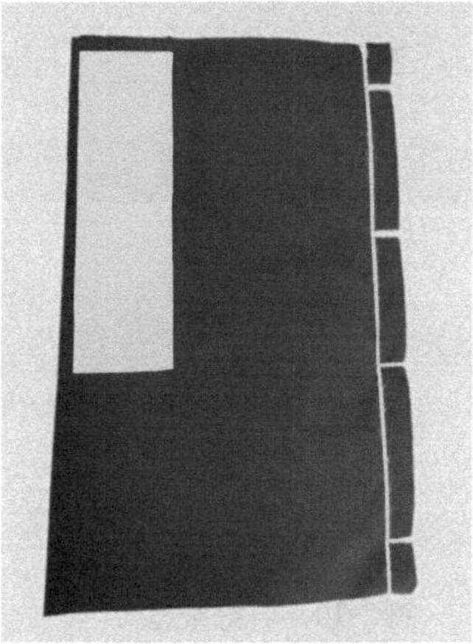

图 5-17　贴书签

第十一步，做函套。计算配切书函材料，涂黏合剂，组壳，包壳糊函，开槽，制销孔、销带、骨签，裱衬条和内衬纸，压平，自然干燥和贴签条。最后的步骤是用函套或书夹把修复完善的书册包扎或包装起来。

经过以上操作，古籍修复即告完成，及时整理修复档案，做好修复总结。

第二节　古籍病害的分类与图示①

《中华人民共和国文物保护标准汇编（一）》规定了馆藏纸质文物及病害的基本术语、病害分类与图示，适用于纸质文物病害调查、病害评估、保护修复方案编写、保护修复工作记录制作及纸质文物保护工作中涉及纸质文物病害的分类及表述工作。其中，馆藏纸质文物是由收藏机构所收藏的，由纸及写印色料所构成的文物，包括书籍、报刊、档案、图纸、地图、拓片、纸币、文书、邮票等。写印色料是在纸张上书写、印刷、绘画及染纸、涂改所用的材料，主要包括颜料、染料、胶料等。纸质文物病害是指因物理、化学、生物及人为等因素对纸质文物造成的损害。

一、病害分类

（一）纸张病害

纸张病害种类：水渍、污渍、皱褶、折痕、变形、断裂、残缺、烟熏、炭化、变色、粘连、微生物损害、动物损害、糟朽、絮化、锈蚀、断线、书脊开裂。

图 5-18　水渍污渍

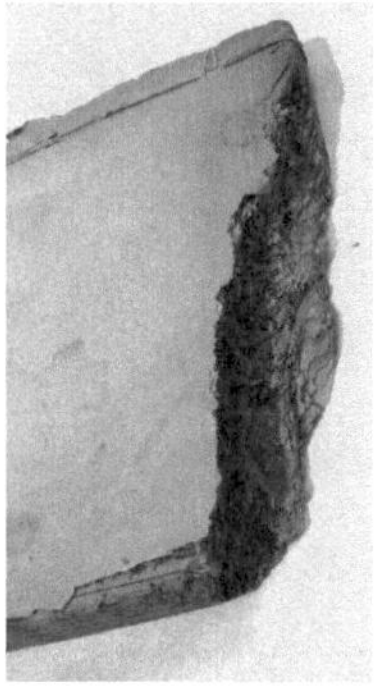

图 5-19　残缺

① 国家文物局：《中华人民共和国文物保护标准汇编（一）》，434—440 页，北京，文物出版社，2010。

图 5-20　炭化

图 5-21　粘连

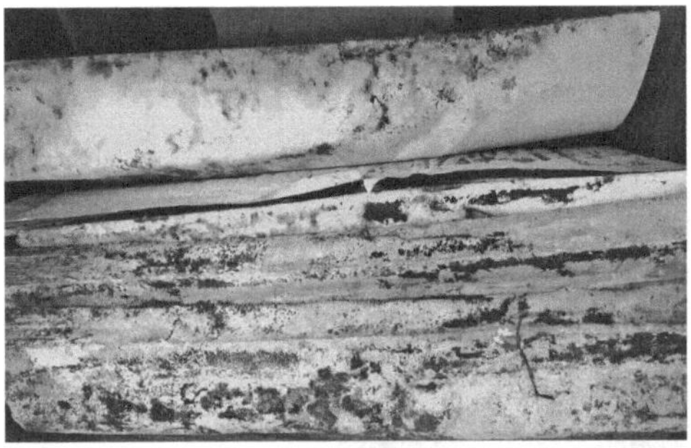

图 5-22　霉菌

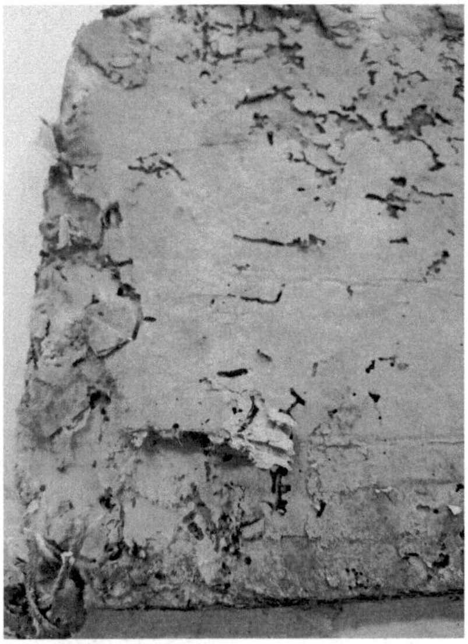

图 5-23　虫蛀

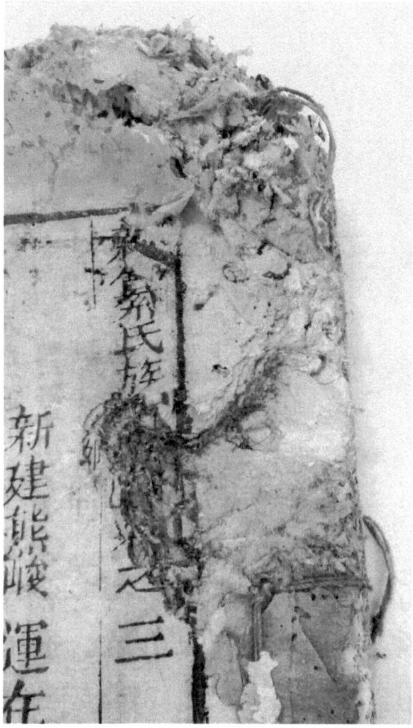

图 5-24　鼠害

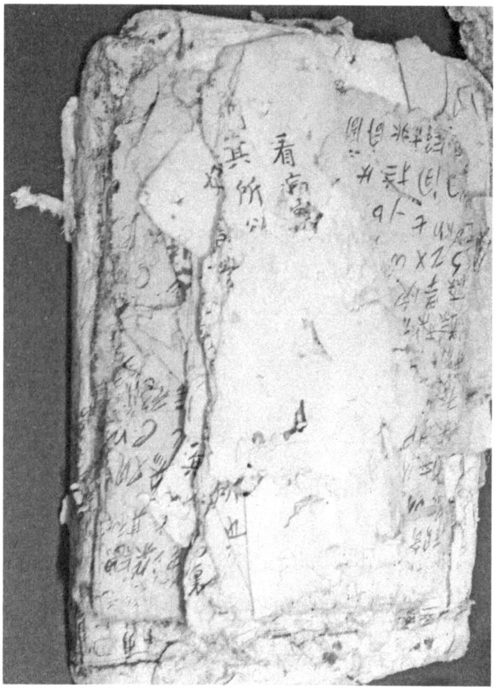

图 5-25　糟朽

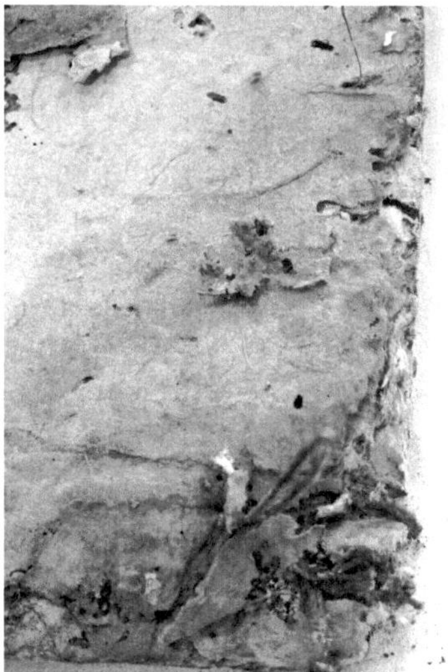

图 5-26　絮化

图 5-27　锈蚀

图 5-28 断线

图 5-29 书脊开裂

水渍，即纸张受水浸润而留下的痕迹。污渍，即纸张受污染而形成的斑迹。皱褶，即纸张受各种因素作用在纸张表面形成的凹凸皱纹。折痕，即纸张由于折叠或挤压而产生的痕迹。变形，即纸张因水浸或保存不当导致的整体形状的改变。断裂，即纸张从一个整体断为两个甚至多个部分。残缺，即由于使用或保管不当等，导致纸张出现缺失，无法保持其完整。烟熏，即纸张受烟雾熏染产生的痕迹。炭化，即因火烧等导致的纸张的纤维素完全降解。变色，即由物理、化学或生物等原因导致纸张化学结构发生变化，颜色发生改变。粘连，即由受潮、霉蚀、虫蛀等原因造成的纸张之间的黏结。微生物损害，即微生物的滋生对纸张造成的损害。动物损害，即昆虫、鼠类等动物活动对纸张造成的污染或损害。糟朽，即因化学结构发生严重降解，导致纸张结构疏松，力学强度大幅降低。絮化，即由物理、化学或生物原因造成纸张呈棉絮状。锈蚀，即铁钉等对纸张造成的腐蚀。断线，即线装书的装订线、纸捻损坏。书脊开裂，即书脊由于脱胶、线断等导致的开裂。

（二）写印色料病害

写印色料病害种类：脱落、晕色、褪色、字迹扩散、字迹模糊、字迹残缺。

脱落，即写印色料与纸张载体发生脱离的现象。晕色，即颜色较深部位的呈色物质向浅色部位扩散或沾染的现象。褪色，即因物理、化学及生物等的作用，导致字迹或颜料色度降低或改变。字迹扩散，即字迹边缘呈羽状晕开。字迹模糊，即肉眼观察到的字迹不清晰。字迹残缺，即字迹出现缺失，无法保持其完整。

二、病害图示

图示的尺寸在使用时可按比例适当扩大或缩小，符号或线条之间的间隔应适度，符号的疏密度可以反映馆藏纸质文物病害存在的状况。图示的颜色为黑色和白色。图示的线条宽度以 0.3 毫米为宜。病害图示名称、符号及其使用说明见表 1。

表 1　馆藏纸质文物病害图示名称、符号及说明

编号	名称	图示符号	说明
1	水渍	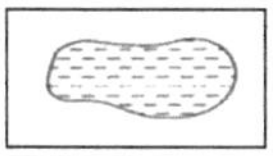	闭合曲线，勾出水渍部位，线段长 2 毫米、平行线间隔以 3～5 毫米为宜
2	污渍	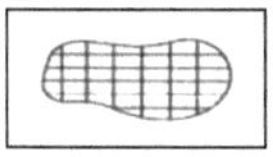	闭合曲线，勾出污渍部位，平行线间隔以 3～5 毫米为宜
3	皱褶	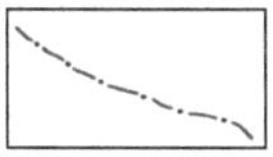	线段长 5 毫米，黑点直径与线段宽度一致
4	折痕	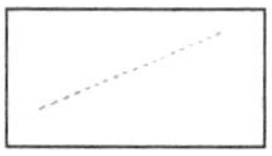	线段长以 2 毫米为宜，随折痕走向勾出折痕痕迹
5	变形		线段长以 5 毫米为宜，曲线以 5～10 毫米为宜
6	断裂	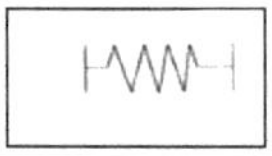	两端线段长以 5 毫米为宜，两线段间连线随断口形状勾出断裂的痕迹
7	残缺	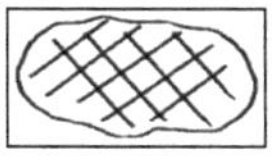	闭合曲线，勾出残缺部位，平行线间隔以 3～5 毫米为宜
8	烟熏	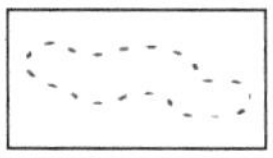	2 毫米的闭合虚线，勾出烟熏部位

续表

编号	名称	图示符号	说明
9	炭化		单个符号大小以 4 平方毫米为宜，间隔不小于 1 毫米
10	变色	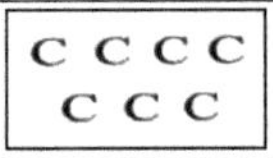	单个符号大小以 4 平方毫米为宜，间隔不小于 1 毫米
11	粘连		平行线间隔以 3～5 毫米为宜
12	微生物损害		单个符号大小以 4 平方毫米为宜，间隔不小于 1 毫米
13	动物损害	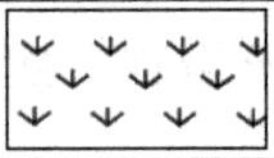	单个符号大小以 4 平方毫米为宜，间隔不小于 1 毫米
14	糟朽	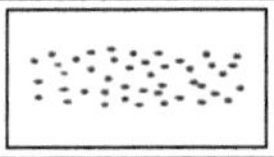	黑点直径以不小于 0.5 毫米为宜
15	絮化	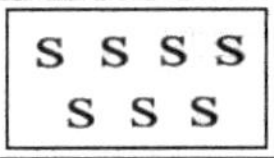	单个符号大小以 4 平方毫米为宜，间隔不小于 1 毫米
16	锈蚀	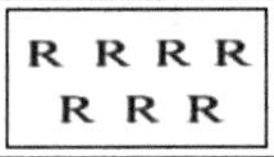	单个符号大小以 4 平方毫米为宜，间隔不小于 1 毫米
17	断线	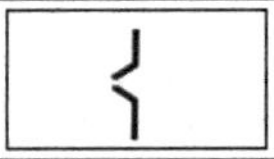	勾出断线部位
18	书脊开裂	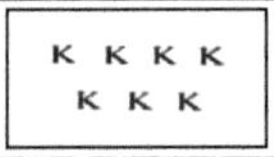	单个符号大小以 4 平方毫米为宜，间隔不小于 1 毫米
19	脱落	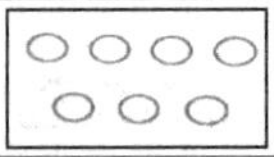	单个符号大小以 4 平方毫米为宜，间隔不小于 1 毫米
20	晕色	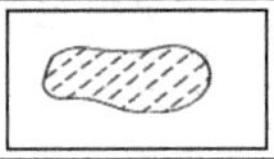	闭合曲线，平行虚线间隔以 3～5 毫米为宜，倾斜角度以 45℃为宜
21	褪色	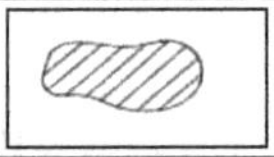	闭合曲线，平行线间隔以 3～5 毫米为宜，倾斜角度以 45℃为宜
22	字迹扩散		单个符号大小以 4 平方毫米为宜，间隔不小于 1 毫米
23	字迹模糊	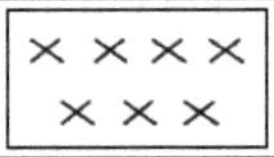	单个符号大小以 4 平方毫米为宜，间隔不小于 1 毫米
24	字迹残缺	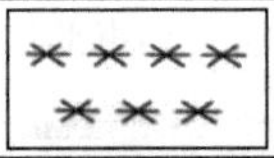	单个符号大小以 4 平方毫米为宜，间隔不小于 1 毫米

第三节　揭书技法

做好修复方案后，首先要拆书。拆书前，先检查一下该书是否有页码。如无页码，可用铅笔编写，避免修好后搞乱。页码须编写在书页右下方靠书脊处，避免装订后编码露出，影响原貌。线装书的装订多用丝线，拆线时用普通剪刀小心剪断即可拆去。有些善本书籍需要保留原来的丝线，拆时应尽量少剪，注意保存原线的完整性，以备修补后穿线时使用。使用时略有缺损，可选用颜色、材质、粗细等相近的丝线补齐。善本书如原书有包角，需要用清水稍稍润湿后小心拆下，用小刀刮去旧浆，抻平经纬后重新托纸绷平，待日后装订时再使用。

书籍在被水浸泡或潮湿等情况下，没有及时采取抢救措施，致使纸内纤维素迅速水解，其间使印书的墨内所含胶的成分及造纸时加进的纸药中的黏合剂失去稳定性，各类霉菌等微生物乘机在这个温床中大量生长、繁殖，随之分泌许多有害物质。在长期的重物压迫下，日积月累使早已紧紧黏合在一起的书页变成很坚固的一块书砖。还有一种情况是书经过不合规的修补，由于修补的技术不熟练，或者为了一时方便，配纸时不够细心，补纸的颜色和书的颜色深浅不同，或者补书页时没对齐就将两个半页粘在一起，或者用糨糊不相宜，或者裱书页时刷糨糊不匀，使书页重皮（即书页与补纸未黏合在一起而出现空心现象），这些都影响书的美观。另外，有的书页并不太破，但裱了一层厚纸，使书页发挺发硬，翻看不便，更容易引起虫蛀。对以上所列古籍情况，需要采用一定的方法将纸一页一页揭开或将原来的修补纸揭去才能修复。揭裱方法主要有冲水揭法、搓揭法、蒸揭法和干揭法。

一、冲水揭法

揭纸时，先将书本拆开，将书页散放在木槽内。书页如果老化，缺乏韧性，为避免将书页冲坏，须在书页上垫一层白纸，再用净水冲洗。冲水是为了卸去书页上糨糊的黏性，使书页与补褙的纸脱开。冲时以水浸透书页为宜，不必多冲。冲毕，将槽底圆孔打开，使水流走。隔日用镊子轻轻将书页背面补褙的纸揭去即可。

二、搓揭法

有的书页因为年代久远或用稠糨糊补褙（俗称老虎糨糊），很难揭开。遇此情况，可先用水喷湿书页上补褙的纸，再用右手的中指把补褙的纸一点一点地搓下来。纸干了再喷一次水，再搓，直到把补褙的纸完全搓净为止。揭前需先小范围试揭，了解揭的难易度；揭时从无字空白处开始揭，以免损坏或手指弄脏原件的画面部位；在揭的过程中，切忌东揭一块、西揭一块，造成原件搓揭厚薄不均匀；如果一天揭不完，可用塑料薄膜盖好，防止水分蒸发、原件起翘，待第二天再揭。

三、蒸揭法

站得特别结实如“书砖”者，用沸水先浇冲在书砖四周，再浇冲书砖，待水漫过书砖约 7 厘米时暂停，让水渐渐地泡透书砖后，可以晃动洗盆数次，接着不停地挤压书砖，就有大量的污黄水被挤排出来，然后倒掉；接着换上沸水漫过书砖，但是不要加碱。按上法待水清洁时，改用冷清水挤压残余污脏水，一旦挤压不出脏水时，就可把书砖取出准备揭页。

如果沸水泡后仍揭不开，可改用热气蒸揭。取干净铝锅，盛上干净清水，离水约 7 厘米放一架子，防止沸水冲击书砖。先把揭不开的书砖用净纸包好放在架上，热气蒸半小时左右（太厚可多次蒸），使书页上的胶溶化后就要随蒸随揭。如果凉了，胶又黏合变硬，那更不好揭。此法对于薄纸书收效不大，对于纸张过老失去弹性的竹纸书也不适用。

四、干揭法

粘连不太严重或因原有糨糊失效而产生重皮的书页，可用镊子或竹起子等工具小心地一页一页揭开，即干揭。揭的时候，应审视书页的破损情形，顺势而为。如果书页破损特别严重，应该揭开一页即刻修复好，以免零星脱落小块遗失或找不到原来的位置。注意能够干揭的书页，应尽量用干揭法来揭。

第四节　去污技法

有的书籍因阅读不慎，将茶水、墨水、蜡油等滴洒在书页上，留下了痕迹；还有书籍因年久受烟熏，纸张变黄。遇到上述书页，要根据污染痕迹的轻重，采取不同的方法将痕迹去掉，使其恢复洁净。

一、清洗剂

（一）洗涤碱

洗涤碱即碳酸钠（Na_2CO_3），用 80°的热水泡开便可使用。

（二）草酸

草酸即乙二酸（$COOH \cdot COOH \cdot 2H_2O$），由一氧化碳和氢氧化钠合成，为无色晶体，是一种重要的还原剂，可用来洗涤书页中的水斑、霉斑、黄斑等污渍。

（三）高锰酸钾（$KMnO_4$）

高锰酸钾又称灰锰氧，为深紫色晶体，溶于水，是一种强氧化剂，在修补古书时与草酸配合使用。

（四）漂白粉

漂白粉即次氯酸钙［$Ca(ClO)_2$］，含有效氯 25%～30%，用来漂白书页。漂白粉有一定的腐蚀性，经漂洗的书页纸张纤维容易受到损伤，所以修善本书不能使用。

（五）过氧化氢

过氧化氢即过氧化氢溶液（H_2O_2），含过氧化氢 30%，用来洗涤书页中因沾染铅粉而形成的黑斑。

二、植物洗霉

（一）枇杷核

枇杷核属于蔷薇科的植物种子。它的主要成分是苦杏仁甙氨基酸、淀粉和游离氢氰酸，可用于旧字画修补中的洗霉。

（二）石菖蒲

石菖蒲即南星科植物石菖蒲的根茎。它的主要成分是石菖蒲的根茎和叶中所含的挥发油、细辛醚、石竹烯等，可用于旧字画装裱中的洗霉。

（三）皂荚

皂荚即豆科类植物皂荚的果实。它的主要成分是三萜皂苷鞣质、谷甾醇等，也用于洗霉。

三、各种污渍去污方法

（一）水渍去污方法

1. 热水漂洗法

热水漂洗法针对清除书页因水渍造成的水痕，以及书页泛黄、发灰、发黑等，比较有效。先准备一个特制铝质长方形水槽，槽深约 10 厘米，宽 45～50 厘米，长 70～80 厘米。在槽的右下角留一个小圆洞作排水之用，漂洗时用橡皮塞或布帛等堵住洞口，不要渗漏。漂洗前，应将书页的封面、封底拆去，在水槽中垫上一层纸，然后将拆开的书页一张一张地错开排好，以七八张为一层，上面盖一层薄纸，再放一层书页，如此反复排列，直到书页全部放完为止。在每层书页中垫一层纸的目的是便于揭开。一次漂洗的书页不宜过厚，以不超过 2 册（100 张左右）为宜。纸页厚的书，每次漂洗一册，因为书页太厚，中间就可能冲洗不干净，起不到漂洗的效果。书页全部排好后，最上面还要覆盖一层纸，然后在盖纸中间压上一根木条，这时就可以漂洗了。

漂洗时，用装有热水的水壶沿书页的四周慢慢浇灌，热水温度以 75℃～90℃为宜。浇灌时，不能冲水过急，冲急了会冲破书页。冲完后，不要急于将水放掉，让书页在热水中多泡一会儿，以求全部浸透。浸泡一会儿后，水不热了，就可以拔去右下角洞口的塞子，倾斜水槽，让脏水流尽。可以用手或木条在盖纸上轻轻挤压，把书页中的残水挤净。如果没有洗净，还可以依照上述方法再重复做几次。之后，在工作台上放一块长 75 厘米、宽 35 厘米、厚 2 厘米的木板，将木板搁成 45°斜坡，把水槽中的书页按铺隔纸的层次一沓一沓地揭开，摊放在木板上的吸水纸上，上面再盖几层吸水纸。摊的时候，注意不可把书页的顺序弄乱。书页全部摊开以后，在盖纸的两端压上石头或其他重物，每日应及时倒换吸水纸，直到晾干为止。漂洗糟朽的书页时，应用干净的素纸把书页一页一页地包起来，然后漂洗，以防书页经冲洗后破碎。

2. 碱水漂洗法

清洗污染比较严重的书页必须借助清洗剂，最常用的清洗剂是用洗涤碱制成的碱水。碱水漂洗法用的水槽和书页摆放方式与热水漂洗法相同。碱、水的比例为 2.5∶100，一般 50 克洗涤碱配入 2 千克 75℃～90℃的热水，一起盛在壶中，即可使用。书页太脏，则用碱量可以适当增加，但碱与水的比例不超过 4∶100。用碱水洗书页时，用力不宜过猛，水流速度也不宜过快，以防冲破书页。漂洗书页每次以不超过 100 张为宜，多了则漂洗不透。为了使书页与清洗剂充分接触，可以在碱水漫过书页时，用木条在书页上压几下。水凉以后，拔去塞子，把碱水放掉，然后用清水反复冲洗 2～4 次，以充分洗碱去污。洗净书页后，去水、揭开、晾干，其操作规程与热水漂洗法相同。

碱水漂洗法的另一种操作方法是将洗涤碱 35～50 克（具体数量视书页污染程度来确定）压成碎末状，接着把待漂的书页按前述操作程序层层叠放在水槽中，再把压碎的碱末散放在书页四周，然后就可以用 75℃～90℃的热水冲灌书页四周，用水量为 2 千克左右，以淹没书页为准。冲完后浸泡一会儿，再提起水槽的一个角轻轻摇晃，让碱水把书页中的污染处冲洗干净。洗净书页后，即可放掉碱水，再用清水反复冲洗干净即可，然后按照热水漂洗法去水、揭开、晾干。

3. 漂白粉溶液漂洗法

漂白粉溶液也是一种常用的清洗剂，漂洗效果比碱水好，特别对污染痕迹过深或被烟尘弄得发黄、发灰的白纸书收效更佳，缺点是漂白粉溶液对纸张的腐蚀性比碱水大，而且经漂白粉溶液漂洗过的书页不容易长期保存，所以漂洗善本、珍本书是不能使用这种方法的。就是漂洗一般版本的古籍，使用这种方法也要特别谨慎，有些纸质太差的书页用漂白粉溶液一洗就烂。还有本色黄的纸张，也不宜用漂白粉溶液漂洗。因此，在使用漂白粉溶液之前，一定要经过耐洗试验，即先用同质地的纸或废页小块做漂洗试验。这种耐洗试验也可以用来检测漂白粉溶液的浓淡度，漂白粉的兑水比例一般为 1∶100 或 1∶200，具体比值要以既能去污又不过分损伤书页为标准，这只有通过耐洗试验才能做出判断。

漂白粉溶液的配制方法：准备 2 千克左右 75℃～90℃的热水和 20 多克漂白粉。另准备一只小碗，把漂白粉溶解于小碗的水中，接着把小碗中的漂白粉溶液慢慢兑入盛着热水的盆中搅匀，再准备一盆净水放在旁边。先将带有污染痕迹的废旧纸放入漂白粉溶液中进行耐洗试验，根据耐洗试验调整漂白粉的剂量，之后就可以漂洗了。

漂洗的具体方法有两种：一种是整册漂洗，即先把书页抖松，接着把有污染的书页放进漂白粉溶液中漂洗，然后把其余的书页也放在漂白粉溶液中浸一下，以求整本书页颜色统一。漂洗完，赶紧把书页放到净水里漂洗干净，直到洗得没有漂白粉的气味为止；接着按顺序把书页、画页揭开，分成几沓放到干的吸水纸上，上面再盖上吸水纸，中间须换几次吸水纸，直到夹干为止。另一种方法是分页漂洗，即用两手拿着书页的上端，把书页下端放在漂白粉溶液中漂洗一两次，然后把漂洗过的一端放在与书页大小相当的木板上，再手持木板把书页的另一端放进漂白粉溶液中漂洗一两次，随即用净水反复洗去漂白粉残液和气味；最后把漂净的书页放到干的吸水纸上。漂洗完第一张书页再漂洗第二张，这样漂洗过几十页后，漂白粉溶液将逐渐失去作用，再按原先的粉、水配比换置新的漂白粉溶液，或者在原有的漂白粉溶液里加入适量新的漂白粉。

无论整册漂洗还是分页漂洗，动作都要迅速、敏捷，做到当时漂洗、当时洗净，绝对不容拖延时间，更不可漂洗一半后，隔日再漂洗，因为书页在漂白粉溶液中时间稍久就会被泡坏，甚至成为碎片。

4. 简易漂洗法

如果没有水槽或需漂洗的书页数量较少，可以准备一个直径50厘米左右的水盆（大塑料盆亦可），再准备一块比水盆长的木板，然后把待洗的书页版心朝上摊放在木板上，这时就可以漂洗了。

先把木板斜放入盆内，用热水也可用上述配比的碱水或漂白粉溶液自上而下地浇灌书页。浇灌完后，可用小碗把流入盆内的漂白溶液舀出来，再往书页上浇灌一两次，然后用清水冲洗一下。用碱水或漂白粉溶液漂洗的书页要多冲洗几次，尽量使书页上不留碱或漂白粉残液。冲洗完毕，按热水漂洗法的操作规程去水、揭开、晾干。

书页修复中需要注意的重要问题之一就是书页的水湿、受潮，漂洗书页时这个问题尤为突出。如果在漂洗液中浸湿、受潮的书页不能及时晾干，轻则使书页发生黏结，把书上的字迹弄模糊，重则使书页发霉变质，糟朽腐烂。因此，漂洗完的书页应尽快用吸水纸吸干。尤其是在梅雨季节，要勤于倒页换纸，防止书页发霉起斑。若有去湿设备，应开动机器，帮助去湿、晾干；还可以在书页四周放置干燥剂，或者在书页中间撒些滑石粉，这些办法对书页的去湿、去潮都有裨益。撒过滑石粉的书页要放平压好。书页干了以后，用软布或小排笔把书页中的滑石粉拭掉，或者把书页合上，拿起书背，将书口朝下抖几下，尽量把滑石粉抖干净。

（二）油、蜡渍去污

油、蜡痕很难用漂洗法消除，传统的方法是用烧酒加石灰拌成糊状涂在油污、蜡痕上，待干燥后剥掉，油、蜡污痕即可消除。但是，这种办法有时会把书页粘破，得不偿失，所以现在多改用热烫法和有机溶剂清除法。

1. 热烫法

热烫法是一种消除油污、蜡痕的简易办法。这种办法只适用于一般的小面积轻度污染。

先在有污染书页的上面和下面各垫衬棉性纸一张，再将一个医用盐水瓶灌满开水，放在有油污、蜡痕的地方来回滚动，使油、蜡受热融化后被棉性纸吸收，这样就可以除掉油、蜡污痕。

热烫法的正规用具是电熨斗。先将电熨斗接通电源，再用棉性纸两张，一张垫在书页下面，一张盖在书页上面。这种棉性纸可以是吸水性较强、面上略带粗涩的呈文纸或东昌纸、毛边纸，但绝对不能用旧报纸或印有字迹的纸，因为电熨斗的热量能使旧纸上油墨印的字迹反印到书页上，不但不能清除油、蜡污痕，反而加重了对书页的损害。待电熨斗热了，就可用它在覆盖着棉性纸的书页上来回熨烫。在熨烫过程中，要不断将覆盖的纸掀开，看看书页上的油污、蜡痕是否被吸掉。热烫时，还要将上下垫盖的棉性纸不断移动位置，并且经常撤换新纸，因为吸了油、蜡的棉性纸会失去吸附作用。污染严重的地方要反复多烫几次，才能把油污、蜡痕去掉，即使不能全部去掉，也可以使之淡化。使用熨斗时，特别注意把温度控制在100℃左右，温度过高会把书页烫焦或使其纸质干脆老化，造成新的损害。电熨斗的温度太低也不行，那样书页上的油污、蜡痕就不可能除掉，收不到应有效果。

2. 有机溶剂清除法

有机溶剂清除法适用于油污严重的书页。采用哪一种有机溶剂，要根据油污的性质来决定，但都要以不损害印刷或书写墨迹为前提，任何损害印刷字迹或书写墨迹的有机溶剂都不能用。为保证这一点，使用前须经过溶滴挤压试验。其法是将一滴有机溶剂滴在一小张棉性纸上，再用这张棉性纸对准废旧书页字迹用力挤压，如果棉性纸上没有脱墨的印迹，就说明这种有机溶剂可以使用，否则就不适用。

动物油（猪油、牛油、奶油、骨油）、矿物油（机油）、蜡等的斑痕，可以使用丙酮和乙醚的混合剂清除，但这种混合剂易挥发、有毒性，还会损害油漆台面，所以操作时须在隔离室的玻璃台面上进行。使用后，人要离开台面。苯、汽油、醋酸乙酯、四氯化碳等有机溶剂对消除油、蜡污痕都有较好的效果，而且对纸质损害不大。

植物油（豆油、花生油、菜籽油、桐油等）的油渍污染比动物油顽固难除，但使用四氯化碳、醋酸乙酯、苯乙醇混合剂等都可清除。吡啶是消除植物油油斑的有效溶剂，只是对纸张损害较大，故善本、珍本书不宜使用，一般版本的古籍使用时也要谨慎，使用后要立即用净水把书页上残留的溶剂淋洗干净。

使用有机溶剂消除油污的具体操作方法：先在遭污染的书页下垫棉性纸，再用浸蘸有机溶剂的棉花团在油斑上挤一下，面积大的污染要用毛笔或小排笔蘸取有机溶剂划刷；油污溶解后，即被垫在底下的棉性纸吸收。在消除污染的过程中，要不断更换垫纸。油污去掉后，须立即用净水洗去溶剂残液，然后夹上吸水纸，压好、晾干。

（三）霉斑去污

古籍在潮湿闷热的环境中很容易发霉，特别是在梅雨季节，保管工作稍有疏忽，就会产生霉变。霉变了的书籍，轻则出现一块一块的霉斑，重则腐烂糟朽。细菌和真菌都可以造成古籍的霉变，但危害最大的是真菌中的霉菌。霉变的古籍已经腐烂糟朽的，可以采用糟朽书页修复法修整；出现霉斑的，可以采用书页漂洗法修整。漂洗不掉的霉斑，可以用各种专用的清洗剂消除。

去霉的时机要选择适当，不得对湿书进行去霉，不得在霉层尚未干燥时直接对书去霉。对潮湿的书籍进行去霉处理，会使书更多地被霉菌色素玷污，同时在处理过程中也可能使书页破损。对于发霉的湿书，应首先干燥再考虑除霉。若无法在短时间内使书干燥，应先将其冷冻，待以后处理。霉层尚未干燥时，霉菌是软的、湿的、毛茸茸的状态，不容易被处理掉且会进一步玷污书页，应将其用蜡纸包裹并置于冷冻室，待其失去活性后再进行处理。失去活性的霉菌的菌丝进入休眠状态，为粉状且干燥，这时很容易将其残留物从藏品上清除。去除霉斑的方法如下：

1. 酒精擦拭

酒精擦拭适用于局部、轻度的霉斑。不要使用工业酒精，工业酒精不仅含水量高，还含甲醛等有毒物质。需使用医用酒精，而且是75％的酒精。若酒精浓度低于75％，对霉菌的杀菌作用很弱；若酒精浓度过高，会在霉菌表面形成一层保护膜，阻止其进入霉菌体内，难以将其杀死。使用时，注意避免直接擦涂字迹，因为酒精能溶解某些墨水，尽量避免直接擦涂字迹而导致字迹模糊不清；注意防火，因为酒精易燃、易挥发。擦拭方法为选用软细布或纸巾蘸酒精擦，并且不断更换软细布或纸巾。

2. 软毛刷扫除霉菌

用宽毛软刷在发霉表面轻轻扫除霉菌，但必须谨慎操作，以防霉菌被永久地嵌入纸张纤维中。最好结合真空吸尘器一并使用，将霉菌刷入真空吸嘴，并且轻轻敲击发霉的书页以免霉菌被永久嵌入纸张纤维中。

3. 低压真空吸尘器除霉

普通的真空吸尘器有两大弊端：通常吸力过大，其抽吸的强度会损坏脆弱的藏品。吸尘袋变满时，吸尘器的吸尘效率下降，而未被吸进去的微小颗粒可能散布于空间中，再次污染环境。

低压真空吸尘器抽吸强度比普通真空吸尘器小，但可以吸掉干燥的霉菌菌丝，对书比较安全。使用低压真空吸尘器时，不要用真空吸尘器直接处理易脆的物品。若必须处理，特别是处理纸张和纺织品时，可用玻璃纤维纱布轻轻将藏品压住，再用真空吸尘器处理。真空喷嘴应当连续上下垂直移动，不要左右横向运动。为了防止纸张碎片脱落，刷子外面要用纱布完全覆盖。

（四）墨汁斑痕去污

书页上沾染了墨汁最难消除，简便的办法是挖补，但挖补就要伤书。如果书页的纸质尚好，可以试用骨胶粘剥法，即用骨胶加热熬浓，然后趁热涂在书页的墨汁斑痕上，等墨色被胶水吸收后，把干燥的胶片轻轻剥落，这时墨色也随之脱落。但纸质太薄的书页或书页被墨汁渗透，就不适用这种办法了。

去除蓝墨水斑，可把带有墨斑的纸页放在清水中浸湿，取出，滤掉水分，再放入1%的高锰酸钾溶液中浸泡15～20分钟；取出，放在清水中洗去高锰酸钾；滤掉纸页上的水，马上放入1%的亚硫酸氢钠溶液中浸泡15～20分钟，直到纸页上的墨色褪去为止；取出，放在清水中冲洗15～20分钟；取出，控去多余的水，用吸水纸压干即可。

红墨水斑一般用过氧化氢去除。先将等体积的过氧化氢用滴管慢慢滴入乙醚中，边滴边振荡，使乙醚和过氧化氢充分混合；滴加完毕后，用力振荡5分钟，然后将溶液静放一会儿，待其分层后，用棉球蘸取上层溶液去除红墨水斑。

（五）铁锈斑痕去污

如果书页上沾有铁锈，可以用草酸或柠檬酸涂于污染处，即可消除。消除铁锈斑痕后，应立即用净水洗掉污染处的草酸和柠檬酸残液，以免留在纸上起化学反应而损坏书页。

（六）铅粉返黑去污

前人喜欢用铅粉修改古书中印刷的错字或个人批注的错字。在稿本书中，这种情况更多。铅粉又称“铅白”，学名叫碱或碳酸铅，由于它是用二氧化碳和醋酸化合而成，也有人叫它醋酸铅，古代妇女用作化妆品，也是一种国画颜料，古时书画家常用之。这种颜料含有毒素，而且时间久了，与空气中的硫化氢化合，容易生成硫化铅而返黑。古籍书页中如果出现铅粉返黑现象，就会显得很难看。过去消除铅粉返黑的办法是用打湿的棉纱线围住返黑的铅粉，先在线团外面抹上一层清水，再在线圈里面返黑处抹点酒精或烧酒，然后快速点燃，随即吹灭火焰，这样返黑的铅粉就会还原成白色，最后去掉线圈，用吸水纸吸干残水和残酒即可。但是，使用这种方法存在烧毁书页的风险，现在改用过氧化氢还原法，即用毛笔蘸取过氧化氢涂抹在铅粉返黑的部位，返黑的铅粉一会儿就会变白。如果还原程度不理想，还可以重复做一两次，但要注意不能把过氧化氢涂抹到返黑铅粉以外的地方，否则就会破坏书页的色泽。用过氧化氢涂抹之处，还要用热水洗干净，并且用吸水纸吸去水分，然后晾干、压平。

（七）昆虫粪便去污

被蠹虫蛀过的书页往往沿蛀洞黏附着一圈虫屎，还有些昆虫喜欢在书页夹缝处排卵造成污染。消除这种污染，可以先用棉花球去掉虫屎、虫卵，再用棉花球蘸些醋或酒精，在粘着虫屎、虫卵的地方擦拭几下，接着用净水洗净醋或酒精后再喷点水，下面垫上吸水纸，压上重物，待晾干后，撤去吸水纸即可。落在书上的苍蝇屎也可采用此法去除。如果灰尘、虫屎多，还可以用面团去污，即取一小团面在污染处轻轻滚动，直到把脏物吸掉。

四、书页去污时应注意事项

其一，抄本书冲水时，注意字体的墨色，辨明是新墨还是剩墨（放置较久的墨汁），须先用水在书页上试一试，看有无脱墨情况，因为有的书是用剩墨抄写的，甚至有时一页书所用的墨也有新有旧。用剩墨抄写的书，冲水时极易润成一片，所以要在水中加入一些明矾以保持墨色。

其二，对于红格纸书、蓝格纸书，或者用红墨水、蓝墨水抄写的书籍，不可用冲水法去污，否则一定烘染。

其三，对于痕迹过深或一部书纸张的颜色黄白不同，可用漂白粉溶液漂洗，使其颜色一致，但只限于白纸书。先取一盆清水，在火炉上煮，将20克漂白粉放入小碗中溶化，倒入沸水盆中，另备一盆凉水，放在盛有漂白粉溶液盆的旁边；将书拆去书皮，放在盆的右边，先用一页有脏污的废纸在有漂白粉溶液的盆中试一试，如漂洗力量适合，则用两手持一页书的上端（天头），在盆内将书页下端（书脚）拉一两次，将拉过的一端放在预先备好的木板上（木板的大小与书相同），用右手持板再将另一端在盆内拉一两次；将书页漂洗干净后，放入凉水盆中，洗净漂白粉的气味，摆放在干纸上。漂洗数十页后，漂白粉溶液力量弱化，须再加入漂白粉，使其漂洗力量前后一致。倒页换纸等程序与冲水法相同。漂书时，动作要快，因漂白粉溶液腐蚀性强，书页在液体中稍久，就会将书页磨碎。因此，漂书方法非必要时不宜采用。

其四，针对书页上轻微的水斑，可用水划的方法消除。这一方法简单易行，先取一碗沸水，用毛笔蘸水划湿污底，再在痕迹周围喷一些凉水，用净纸隔开压好，书页上的痕迹随即散开。

第五节　修补技法

在修补书籍工作中，遇到的书籍有各种各样的破损情况。有的书籍因阅读时翻来翻去，使书页的中缝裂开，分为两个半页；有的书页被虫蛀鼠咬而千疮百孔；有的书籍因年代久远，经受风吹日晒、烟熏火燎，书页变成烟页状，手触即破；有的书籍在装订时因技术较差，把书籍的天头、地脚裁切过多，呈现四周短小或长短不齐的状态。这些都要根据不同的情况采取不同的办法进行修补。

一、书页溜口法

书籍经过多年阅读，翻来翻去，书口常易裂开，形成两个单页，为了使书页完整，便于利用，必须补成整页。有的书籍书口虽未裂开，但书口已被磨薄，接近于断裂的状态，或者整个书口上半部分完整，下半部分断裂。为了避免衬纸后将书口顶破，凡是衬纸的书或因天头、地脚短小，书品太差，改作“金镶玉装”的书，无论书口开否，都要溜口。经过溜口，给书口加了一层薄纸，就不易被顶破了。溜口是修补书页的基本工序。无论书页是何种破烂状态，一定要先溜口。如果先补残破后溜口，就不易将书口对齐，因为先补残破，经过糨糊的作用，书页就要发生伸缩不平的情况，书口便不容易对齐了。

溜口前，除将应修的书拆开外，还要把应用的旧纸、糨糊等放在桌子上，并且准备一些1厘米宽的绵纸条（纸条的长短可根据书页长短确定）。将纸条散放在桌子的右边。裁绵纸条时，必须按纸的竖纹裁。白纸书应用素白绵纸裁条，如河南绵纸、上海绵纸等。如果竹纸书的书口有破裂，则绝不可用与它颜色不同的素白纸溜口，必须改用同颜色的染纸。对年久色黄的书页，须用仿旧纸溜口，颜色相协调。如用白纸溜口，书籍装订以后，书口皆是白色，而书页是黄灰色，很不协调，非常难看。

图5-30　溜口

溜口的方法：开始溜口时，将书页展开，正面向下，书口对齐，摆在葛板上；注意两半页不能对得太紧，更不能互相搭茬，否则折页后书口毛茬不齐。用左手中指和大拇指压住书口，勿使其移动。溜口时，先将书口上下端磨圆的地方用同样的纸补齐；接着用右手持笔蘸稀糨糊顺书口由中间向上抹，再向下抹，均匀地抹1厘米宽；然后取一张绵纸，右手持上端，左手持下端，贴在书口上，用一页吸水纸垫在书口上，右手掌按在纸上，使纸条和书口粘得牢而平；最后两手持书页下脚提起，放在另一块葛板上（葛板要用新糊的，如果使用过，就在上面垫一张洁净的白纸，以免将书页弄脏），继续溜第二页。

有些书页由于造纸原料或制作方法的问题，书页受潮后收缩特别快。

例如，明代末年刻印的书籍用的就是一种伸缩性很快的纸，溜口时十分困难。在书页上一抹糨糊，立即松胀很多，书口出现很多小褶。如果先把书页喷潮，再抹稀糨糊，当时平整无褶，书页干后却又缩回原样，而书口溜上纸条的部分就缩不回去了，捶平后，发现由于书页和书口不能合拢，书口弯弯曲曲。遇到这类书页，根据经验要速抹糨糊、速溜口，才能避免发生干后书口弯曲的现象。溜口之前，先在补书板上喷一点水，因为常用的补书板经过溜口补书后，多少带一点黏性，稍喷上点水，便使书页摆在上面不易活动。把书页展开，对好书口，速抹糨糊，速把纸条溜上，上面盖纸用手抹平，使书的纸性未松胀前就能把书口溜上。此外，溜此类书口用的糨糊要稍稠一点，因为糨糊稠、水分少就松胀得慢了。

如果书口磨开很深，溜口时无法对齐或为了防备书口摆得宽窄不匀，可在溜口前先将一张比较整齐的书页平铺在补书板上，用铅笔在书页四周画条一标准线，按这条标准线把书页摆齐；中缝残破缺少的地方要用同样的旧纸补齐，再用纸条溜口，此时书口的宽窄也就一致了。

用红格纸或蓝格纸抄写的书或印本书湿后便润成一片，为了避免浸润，可在绵纸条上刷糨糊，再粘在书口上。不过，这种溜口方法看似简单，却不易操作。因为糨糊抹少时，书口粘不牢；抹多时，又浸润书页。因此，要先在其他试用书页上试一试，使其既润书页又能将书口粘牢，这样才可以正式溜口。另外，还可在稀糨糊内加入少量的明矾，防止糨糊中的水分浸润书页。

如果书溜口后不准备衬纸，或者因为书页纸薄，溜口后衬纸不易捶平，可在书口涂糨糊后，不用裁好的绵纸条，而用大块绵纸顺着纸纹铺在书口上，根据抹的糨糊的宽窄现撕绵纸。因为裁好的纸条尺寸宽窄是固定的，茬和花搭在一起，不易捶平，而现撕的纸的宽窄没有固定，交错搭在一起，比较容易捶平。

溜口技法操作质量要求：用糨糊稀稠适当，溜过口的地方不缩不皱，平整洁净。拼缝平整严密、无皱褶，开裂处无搭茬或上下错位。书口折叠后无起刺、喇叭口现象。书页上无修补后的水渍。

二、裱书页法

对于修复旧书来说，裱书页本来不是一个好办法。因为凡是裱过的书页，均发挺发硬，不如没有裱过的书页柔软。但遇到书页过老、纸已失去弹性，或者书页有严重的蛀蚀，蛀孔连成一片，修补无从下手时，则必须采用裱的办法。

裱书之前，先在桌上放一块长 60 厘米、宽 40 厘米的油漆木板（木板的尺寸可根据书页的大小而定，一般情况板应比书页大些。如有油漆裱案，在案上操作比木板更好），再将稀糨糊盆放在木板的右上端，将书放在右端，将裱书用的纸放在左端，一切备齐了，即开始裱书。

裱时，先在裱案或油漆木板上放一条用水浸湿过的油纸（用水湿纸条是为了好揭。若不用油纸，用牛皮纸或塑料薄膜也可），纸的宽度是书页的三分之一，比书页的横而稍长一点，再将书展开，正面向下，下端放在纸条上。右手持排笔，蘸稀糨糊在书页上横竖刷匀。刷时，先从书门开始，上下左右刷，书页才好崩平。取一张纸，对齐书页下脚，用没有糨糊的排笔在书页上将纸轻刷一下，使纸和书页粘在一起。两手持纸条从下端将书页提起，翻过来放在预先备好的吸水纸上。揭去纸条，上面垫张吸水纸，两手用力铺拉平整。揭去吸水纸，将书页放在一旁，再刷第二页。刷第二页时，将纸条上的糨糊用湿布擦一擦，裱过 10 余页后，上下垫的吸水纸已湿，须另换新的吸水纸。全部裱完后，将书页一页页地晾在竹竿上，干后喷水压平。

裱书用的纸有讲究，如果是白纸书，就用棉连纸或粉连纸；竹纸书用毛泰纸或毛边纸；纸老而没有虫蛀的书页可用薄绵纸；纸老的书必须先溜口再裱。裱书用的纸要比书页大一点。为了避免抄本书或红蓝格纸印的书烘染，可在稀糨糊内加入少许明矾。如仍有烘染现象，则可采用实裱的方法。

实裱是在纸上刷糨糊后，将一张干纸敷在刷了糨糊的纸上，吸去糨糊中的水分，趁湿将纸敷在书页上，上下垫纸，用鬃刷刷平整，使纸和书页既能粘在一起，又能将糨糊内的水分吸去，同时还可以避免烘染。

图 5-31　托裱 1

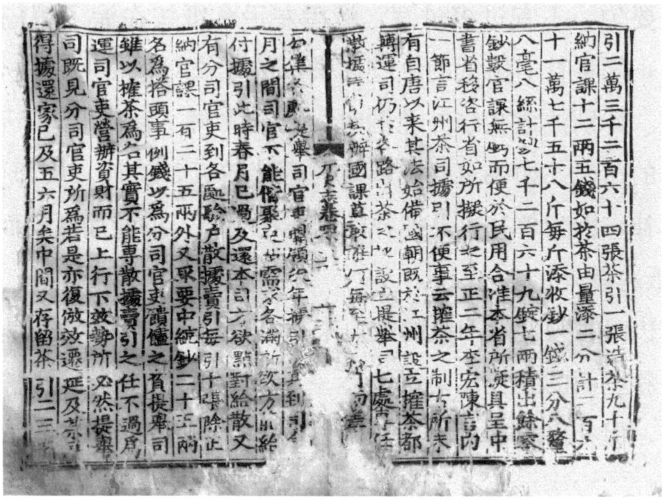

引二萬三千二百六十四張茶引一張[illegible]茶九十斤
納官課十二兩五錢如於茶由量添二分計一百六
十一萬七千五十八斤每斤添收鈔一錢三分八釐
八毫八絲計鈔七千二百六十九錠七兩積出餘零
鈔數官課無虧而便於民用合准本省所擬具呈中
書省移咨行省如所擬行之至正二年李宏陳言內
一節言江州茶司據引不便事云榷茶之制古所未
有自唐以來其法始備國朝既於江州設立榷茶都
轉運司仍於各路出茶之地設立提舉司七處專任
[illegible]
[illegible]
[illegible]
付據引此時春月已過及還本司方欲點對給散又
有分司官吏到各處驗戶散據賣引每引十張除正
納官課一百二十五兩外又取要中統鈔二十五兩
名為搭頭事例錢以為分司官吏[illegible]之資提舉司
雖以榷茶為名其實不能專散據賣引之任不過為
運司官吏營辦資財而已上行下效勢所必然提舉
司既見分司官吏所為若是亦復倣效遷延及茶[illegible]
得據還家已及五六月矣中間又存留茶引二三[illegible]

图 5-32　托裱 2

三、虫蛀鼠咬书页修补法

书受虫蛀鼠咬是保管不善造成的，如将书籍放在空气不流通或阳光不充足的地方，时间稍久，即发生虫蛀现象。我国南方地区气候潮湿，易生虫；北方地区气候干燥，虫蛀现象较南方少，但鼠咬情况不弱于南方。因此，保管书籍如不注意防虫灭鼠，必然发生虫蛀鼠咬的情况，把一部完好的书籍损坏得千疮百孔。对于这类破损书页，应按照伤孔的大小稀密采用适当的方法修补完整。

虫蛀鼠咬书页修补前要做准备工作。先将选好的旧纸和调好的稀糨糊放在工作桌上，再取葛板两块，一块放在桌的左上方，另一块放在桌子中间，靠近自己，然后将应修补的书籍拆开，放在葛板右面。对于非常破烂的书页，须用一张纸夹起来，免得稍不注意就吹散或蹭坏书页。

（一）部分孔洞修补

取一张需要修补的书页，背面向上放在补书板上。如果破的地方有虫屎，应在不伤字的情况下，先用小刀将污点刮去或用砂纸轻轻磨掉，使破孔周围露出纸纤维，然后在有虫蛀鼠咬的孔洞周围用右手持笔涂上稀糨糊。涂糨糊要轻要匀，不宜过多过宽，然后左手拿纸按在涂了糨糊的孔洞上。如补大孔洞，须将补书用纸的纸纹和书页的纸纹对得横竖一致，保持补后书页的平整。特别注意在修补孔洞时，先补大洞，后补小洞，否则就会出现凹凸不平的情况。如果虫蛀孔洞彼此距离较近，就补一块即可，不必一孔一孔地单补，因为单补也是把补的纸连在一起，搭茬加厚反而不美。

（二）纸边修补

补书页边时，须使用旧纸的纸边来补，以求颜色一致。因为书受光照，书页的四周和里面的颜色总是深浅不一，如用深色的纸补浅色的书页，虽然配纸很好，但补出的书页的颜色不协调，影响书籍的美观。这一点应加以注意。

（三）全页孔洞修补

如用整张纸补书页的孔洞，须将原来的纸边撕去，使新撕的纸边露出纸纤维。左手持纸，将纸边放在已经抹过稀糨糊的孔洞上，右手食指按住纸边，左手一撕，沿糨糊湿印把多余的纸撕下来，孔洞就被补上了。如纸厚不易撕断，可在未撕前先用笔蘸水在孔洞周围划一湿印，这样就容易撕断了。虫蛀的小孔补过五六个后，或者补一个较大的孔后，应将书页掀一掀，避免书页粘在补书板上，再继续补其他孔洞。如书页上都是孔洞，可先补中间，再补下面和右面，随后将书页倒过来，仍补右面和下面，这样的操作比较顺手。补完一页后，把书页翻过来，右手掌按一按正面补过的孔洞，使之牢固平整，然后放在左上方的另一块补书板上，再继续补第二页。补完第二页后，将其与第一页错开放好，以四五页为一层，继续补完为止。

（四）书籍上的印章挖掉修补

遇到书页前后有挖去图章的痕迹，修补时更要注意选择配纸。因为在书籍上盖图章，都是在一部书前后最明显的地方，如配纸稍淡，补出来便与原书的颜色有明显的区别。如无适当的纸可配，可将原书边栏外订线的地方撕下一条，补时先在挖去图章痕迹的周围用小刀把纸刮出纤维，将补纸与书页的纸纹对齐，周围涂稀糨糊补好。这是一种修补法。另一种是将配好的纸按纸纹铺在图章痕迹底下，再于纸下放一块木板（木板宜用软性木材，如椴木、杨木、柳木等容易划印），上面用尺板压住，用大针在图章痕迹周围划一细印，使补纸与挖去图章的痕迹一样大小。先在正面用纸将其粘连在一起，不要使其移动；再翻过来在背面孔洞周围涂稀糨糊，用薄绵纸条围绕孔洞粘补一周，用手折按平整；然后翻过来揭去正面粘的纸条，在周围喷一点水，上下垫纸，用重物压一两天；干后，撤去重物与垫纸即成。这样补因为用纸相同，而且纸茬对纸茬，所以很难看出痕迹。

（五）注意事项

修补虫蛀鼠咬的书页，特别是修珍贵的善本书，应该精益求精。假如修补不好，反而会加重书的损坏程度，再欲重修，反不如原来的破书容易修，就像过去的藏书家们常说的："不遇良工，宁存故物。"这是值得重视的。此外，糨糊一定要调得合适。书页纸厚，用糊不可过稀；书页纸薄，不可用稠糨糊。因为用稠糨糊容易起皱，而且难以捶平；用过稀的糨糊容易开裂。因此，糨糊调得是否适当，与修补残破书籍质量的好坏有着很大关系。

补洞技法操作质量要求：修补完后，书页页面平整无皱褶、无变形。修补纸与洞口接缝约 3 毫米，而且修补纸为毛茬相粘；同时，修补纸正反面安放正确，即将修补纸的正面粘贴在书页的背面。用糨糊稀稠适当，修补过的地方不缩不皱，平整洁净。书页上无修补后的水渍。修补纸与原件色调协调、深浅适宜。

四、糟朽书页修补法

有的书籍由于保管不善，受潮湿后发酵。修补时，书页虽然被揭开，但书纸已经糟朽，有的烂掉了字，残缺很多，稍一动手，即破碎掉落。对这样的书页应该裱补，但与裱补虫蛀鼠咬书页的方法不同，用纸也有区别。

裱糟朽书页须用拉力强的薄绵纸。残缺的地方先用同样旧纸修补，补时不在补书板上操作，而是在油纸上进行（也可以用一块塑料薄膜代替油纸）。操作时，先用镊子轻轻揭取一张书页，正面向下铺在油纸上，用喷水壶轻轻喷潮。喷时，先用尺板将书页压住，并且避免因空气震动将书页吹乱。书页有折痕、卷角的地方，用毛笔蘸水抹擦平整。书页破的地方，用笔蘸稀糨糊涂匀，以同样的纸补齐。补孔洞时，补纸要撕大一些，以便搭茬。补齐后，再用排笔蘸稀糨糊在整张书页上均匀地刷一层，把一张比书页稍大的薄绵纸裱在上面。两手持书页下端提起翻过来放在吸水纸上，揭去油纸，上面再垫一张吸水纸，两手铺拉平整，放在补书板上，再用同法补第二页。

修补糟朽书页的另一种做法：将油纸固定在桌子上，用湿布擦净油纸；将书页正面向下放在油纸上，用镊子将破烂书页的字和栏摆正；将破的地方用纸补好后，再用排笔蘸稀糨糊在书页上刷匀；两手持一张薄绵纸从上到下盖在书页上，上面盖一张吸水纸，右手持鬃刷把纸刷抹平整，使书页与薄绵纸粘牢，再把油纸翻过来，把书页从油纸上揭下；揭时，如果有粘在油纸上不易揭的地方，可用蘸水的毛笔把粘住的部分书页慢慢推下来。

补破烂糟朽书页时，如果遇到纸厚，或者背面的字体模糊不清，铺在纸上看不清楚字迹和边栏的正斜，可将书页正面向上先摆在一张呈文纸上，把字迹和边栏对齐，再把湿过的油纸盖在书页上，把书页连同吸水纸一齐翻过来，将吸水纸铺拉几下使之平整，然后慢慢把吸水纸揭去，使剩下的书页贴在油纸上，因为油纸是湿的，已经固定在桌面上，然后按上述方法补裱。

补裱糟朽书页的糨糊要稀，刷糨糊要轻，蘸糨糊要足。因为刷糨糊时，手稍重或糨糊稍稠，容易将书页刷歪，或者将书页粘掉一块。手轻糊足则笔滑，在书页上容易行动。有的书籍因纸受潮发酵，虽然背面补裱整齐，但正面的纤维和字迹仍然鼓起，影响书籍的美观。弥补的办法是在稀糨糊水中加入2%的广胶，用排笔蘸取，在书页正面刷一层，书页干后，即可以恢复原来纸的弹性，而且十分平整。

五、焦脆书页修补法

书籍长时期暴露在外面，经受烟熏火燎，纸张焦脆，着手即破，严重的甚至变成烟叶状。修裱这种书籍时，应按照书页的焦脆程度，采取不同方法补裱。

书页焦脆轻微，可用冲水的方法去掉焦性。书页冲水后，纸能变软，对其中破页稍作修补即可。

书页焦脆严重，可按修裱糟朽书页的方法操作。先将书页破烂的地方用同样的纸修补整齐，将背面裱一层纸，纸要用薄而有黏性的。裱书页时，最好在油漆裱案上进行。如果没有油漆裱案，可将油漆过的木板放在桌上，然后将应裱的书和用纸都放在桌上。取一张书页铺在油漆板上，在书页的下面垫一个约10厘米宽、比书页稍长的硬纸条（用塑料薄膜也可）。纸条要不断地用水冲洗，否则上面有糨糊容易将书页粘掉。用排笔蘸稀糨糊在书页上刷匀，取一张纸裱在书页上，两手持纸条将书页提起放在干纸上，再用一层干纸敷于书页上面，用手铺拉平整。

书页破烂严重，可用整张与书页相同的纸裱补，待书页干后，在有孔洞的地方补上一层纸，在背面围绕孔洞添补一层纸，避免书页凹凸不平。

书页四周焦脆、中间紧固，可在书页四周涂稀糨糊，粘绵纸条，不必全裱。四周粘纸条的书页干后，因四周多了一层纸，成了“回”形，故要采取衬纸的方法，在每张书页内衬一张素纸，就容易捶平了。不用全裱而用衬纸的方法，是因为衬纸的书页比较柔软，而裱过的书页纸硬发挺，如同一张薄纸板，所以要尽量采用衬纸、少用裱纸的方法。

书页有撕坏破裂的地方，可用笔涂稀糨糊、用绵纸条粘补。遇到破碎过多的书页，须先在正面对齐，用稍带糨糊的纸条暂在正面粘住，翻过来再补背面；将背面修补整齐后，翻过来将正面纸条揭去。如纸条干后不易揭时，可喷一点水就揭下来了。这样可避免将字对歪对斜。

六、书页四周短小接补法

一部书残缺不全，需要配齐，而补配的一部分书比原书短小，为了使全书整齐一致，可采用接补的方法。接补的方法有以下两种：

（一）挖心接补法

接补时，将书页栏外四周素纸撕去。撕时，先把书页的一边从栏的外边回折，左手压住书页，右手把书边从左到右撕下，再照样撕另一边。不得用刀裁切，要保持纸边的毛茬纤维，使补后的书页看不出纸茬痕迹。书页全部撕完后，取一张书页，背面向上，平铺在补书板上。在书页四周沿边栏涂稀糨糊，将一张比书页稍大、与书页颜色一致、厚薄相同的纸铺在书页上，用笔蘸水在栏的四周划一湿印，用大针顺湿印将栏内的纸拨去，上面垫一张厚纸，用手铺拉平整，使四周的纸与书页粘紧。之后，按上法一页一页地接补下去。接补书页用旧纸较多，在旧纸缺少的情况下，不宜采用此种方法。

（二）拼接法

选取与书页相似的纸，裁成宽窄适宜、长短与书页横面相同的纸条，把撕开的书页背面向上，一页一页地由下到上错开约 0.33 厘米，10 余页为一组，摆在补书板上。为了防止书页粘上糨糊，每组上下各垫一张白纸。把错开约 0.33 厘米的纸边刷匀稀糨糊，然后撤去上下的垫纸，把纸条从下到上一条一条地粘在书页上。粘完一组，上面垫一张干净的纸，用手抚按铺拉平整。转过书页，用同样方法再粘书页的另一边。粘完书页的上下两边后，粘书脑。粘完一组，再一组，全部粘完晾干即可。这种方法比挖心接补法省纸，而且操作快，但接补后的书页在书脑处露有明显的纸茬。

挖补技法操作质量要求：幅面修补平整，无皱褶、无变形，无搓破、搓薄现象。如补上去的纸为白纸，则其纸纹与原件须一致。挖补处不显补痕为最佳。

七、书页两面有字修补法

书页两面有字的修补方法与一面有字的修补方法不同，因为一面有字的书页可在背面修补，不影响正面的字迹，而两面有字的书页则没有正面与背面的区别。如四周没有字的地方，可以用透明纸条修补。如果损坏的地方在字面上，若用纸条来补就盖住了字面，影响阅读。解决的办法是先将书页揭成两个单页，再按照修补破页的方法将书页修补或贴裱整齐。

分揭书页的方法要根据书页的大小，准备两块比书页稍大的粗丝白布，用鬃刷在布上满刷一层稠糨糊，将书页夹在两块布的中间，布的前后各垫一张吸水纸。右手持没有糨糊的鬃刷在纸上用力刷平，等布上糨糊干后，两手将布揭开，书页即随布而被分成两个单页，粘在布上了。将布泡在水盆中，使书页与布脱离。将书页背面向上放在油漆过的木板上，用毛笔蘸水（或先用刀刮）去掉书页上的糨糊，按照修补破书页的方法，将书页修补整齐。干后，将两单页合成一页。合时，将两单页背对背对齐，用尺板压住书页的一端，将上面的单页掀起一半，用排笔在未掀起的另一半上刷稀糨糊，放下掀起的一半，再将压住的一半掀起，同样刷稀糨糊；放平后垫纸，右手持鬃刷用力在纸上将书页刷平。

如不采用合页的方法，可用裱书页的方法在书页背面裱一层薄纸。干后，用装订线装书的方法装订成册。分揭法只限于一般不太糟朽的书页或单张书页。对于过老的糟朽书页，不宜用这种做法。因为揭页后，在冲洗糨糊时，易把书页冲坏，最后无法收拾，这是必须注意的。

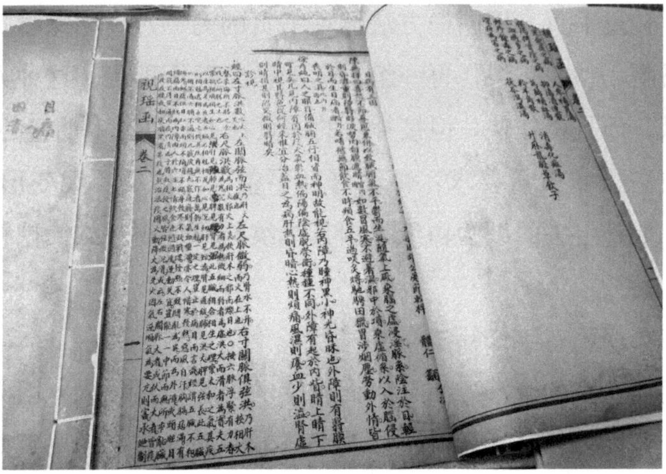

图 5-33 修补后书页

八、书脑接宽法

有的书因书脑过于窄小，订线后，翻阅不便，甚至无法订线；也有书呈长条形，很不美观，为了使书宽窄合样，须将书脑接宽。接书脑的书要用纸条将原书脑上的错痕补好，免得接宽厚、原锥眼露出线外。接书脑的书要包书角，使书背坚固美观，而且从外表看不出接的痕迹。如果补纸和书页颜色相同，也可不包书角。接书脑的方法有三种：衬纸接法、不衬纸接法、拼接法。采用何种接法，可根据书的具体情况决定。

（一）衬纸接法

接书脑的书在装衬纸时，要将纸裁得比书脑大一些。如书脑接宽 1 厘米，衬纸要宽出 2 厘米。将纸衬完后，每三四十页一叠，书口向外，并且在书口上压一块板，板上压铅砣，勿使其移动。将书脑间衬纸翻到板上，往下拨一单页书，再拨一单页衬纸。为了分清书页和衬纸的颜色，在书页下面垫一张带色的纸，使书页与衬纸容易分辨，将余出来的纸回折与书边对齐。折完一面后，将书翻过来，再将另一面照样回折。折完后，用手摸一摸，看接的书脑是否与书薄厚相等。如果折的纸比书高，就每隔几页将纸抻开一单页；如果书厚、接的纸薄，每隔几页书在纸上垫一层纸，使书与纸完全平齐。如果书页衬的是单页纸，除将纸回折与书边对齐外，还要将纸裁成纸条，齐着书边粘在衬纸上，才能使书与接书脑的纸相平。裁纸时，如有更宽的多余纸，回折时应先折三分之一，再把三分之二回折与书边对齐。

（二）不衬纸接法

取书页背面向上，平铺在补书板上，每 10 余页铺成一组。页与页之间错开排列，后背要露出约 0.3 厘米，用纸盖住书页，只露出错开排列的书边，用笔在书背处抹一层稀糨糊。裁出与书页颜色相同、长短与书页相齐的纸条若干。若书背需接宽 1 厘米，纸条须宽 2 厘米，以便回折。每一书页粘一纸条。每粘完一组书页后，上面垫一张纸，用手铺拉平整，一页一页地揭开，放在另一块补书板上，再继续接补。待接纸条的糨糊干后，按衬纸接书脑的方法，将纸条回折，与未粘纸条的另一书背折齐即可。粘纸条时应注意只粘一面，回折一面，不能上下粘两面。

（三）拼接法

将修补过的书页折好、捶平、压实，将接书脑用的纸也同样裁好、压实。取绵纸搓成两头尖的纸捻，面前放一块锥板，将一册书放在锥板上，将接书脑的纸条紧靠书背放在锥板上，纸条的厚薄要与书页的厚薄完全相同，前后加护页。在书背与纸条的对茬处，上下各打两个眼，用纸捻由上而下穿过，翻过来在背面捆紧，这样书与纸条便接连在一起了。用刀裁切整齐，经过包书角、扣书皮，即全部完成。这种接法很简便，从书皮外面也看不出书脑拼接痕迹。

九、书皮和护页的修补方法

凡具有善本书特征的书籍，其书皮和护页不论是否残破，只要是原书旧物，都要随书保存，即使剩有半页或几个字，也不得去掉。特别是经过藏书家题字的书皮，更应重视。因此，为保持书籍的旧观，对书皮尽可能采用揭裱的方法，先揭、再补、后裱。揭纸皮后，用稀糨糊在背面裱一层纸，绷在纸壁上，干后再用。裱书皮的纸宜用具有韧性的绵纸、绸绢等书皮，揭后先用水在油漆过的裱书板上将经纬丝刷直，用吸水纸吸去水分，使其稳固在板上，再用稠糨糊在背面刷匀，裱一层纸，粘在纸壁上，等干后再用。书皮残缺不全者，可选配近似的书皮补裱；残缺过多、无法选配齐全者，可将书皮粘在里面，外面再加一层颜色古雅的新书皮。护页不全时，可照原样配齐。

第六节　喷水压平法

由于糨糊的作用，补过或裱过的书页或多或少都有些不平或褶痕，为了使书页平整，必须用喷水的方法予以处理。

先将补过或裱过的书页，每五六页为一层，错开排列，放在吸水纸上，用喷水壶将书页喷潮。喷水不宜过湿，过湿则容易将补过书页上的糨糊泄性，甚至使补的纸掉下来。喷过三四层后，用吸水纸垫在上面，两手将书页铺拉平整。全部喷完后，前后垫吸水纸，用葛板夹起，放在桌上。先轻压，使水分在书页上散开后，再顺序倒一次，两端用重物压牢。每日将书页倒一次，倒页时，按顺序先从正面一页一页地倒，这样可以检查每页书的修补情况，遇有补得不合规格的地方，还可及时修整。倒页时，每层页数不要固定，如第一层 5 页、第二层 4 页，以下各层 5 页或 6 页，这样就使湿的地方与干的地方均匀错开。

晾干后的书页需要捶平。捶平这一工序，主要是将书页上补过的地方捶薄。因为补过的地方多了一层纸，书页装订成册叠在一起，补纸的地方会显得过高，故须将过高的地方捶平，使其与原来的厚度一样。先将已折好书页中的十几页分为一组，下脚与书口蹾齐，平放在平整的石头上。接着，左手轻压书页，勿使其移动，右手持平面铁锤在书页补过孔洞的地方和溜过纸的书口处轻捶一两遍。在捶平的过程中，左手要随时抚摸书页，发现高的地方即时捶平。正面捶过后，将书页翻过来再继续捶背面。

一般情况下，厚纸书页和软性纸书页或衬纸的书页一次可以捶平。但是，遇到纸性过硬或补孔过多的书页，不可急于捶平，操作时更不可用力过猛，一次捶不平，可将书页捻一埝，用石头轻压一两天后再捶一遍就平了。捶书时，注意一定要等补过的书页完全晾干后再捶；否则，书页未干，捶后容易粘连。一次捶的书页不能过多，书页过多或用力过猛，都容易将书页捶伤。落在书页上的锤底一定要平，否则会将书页捶伤或将补过的孔洞周围捶出鱼眼形的黑圈。衬过纸的书页须先齐栏，再捶平；否则，补过的地方一时捶不到，齐栏后仍会不平。

书籍经过修补以后，书页发松，膨胀不平。特别是衬纸的书页，必须经受一定的压力才能平整坚实。压实的方法是将齐好栏的书页连同夹板放入压书机内，勿使其移动，逐渐增加压力，不可一次压得过紧，随时用尺衡量压书机的两端，看是否有高低不平的现象。经过校正，使机器底盘的两端高低一致时，再用力压紧，以免将书册压歪压斜。在压书机内压一两日后，书页都已平整坚实即可取出。压实时，注意书页如孔洞过多，修补后补的地方较厚，捶书时未能捶平，不得使用压书机压平。可用石头等重物慢慢压平，因为不平的书页用机器猛压就更显凹凸

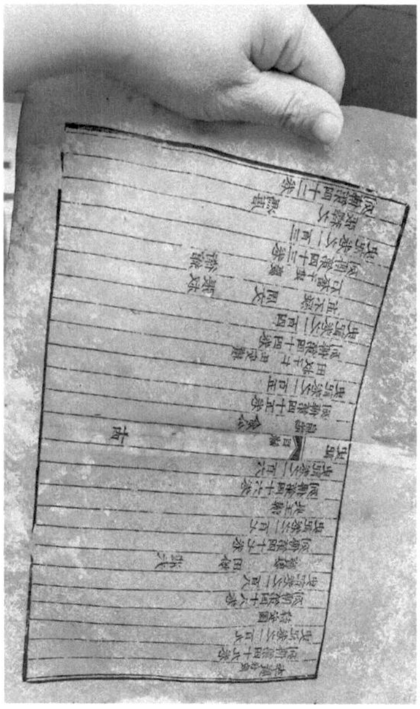

图 5-34　喷水

不平，所以遇到未曾捶平的书页，用石头等重物压实的效果会更好。

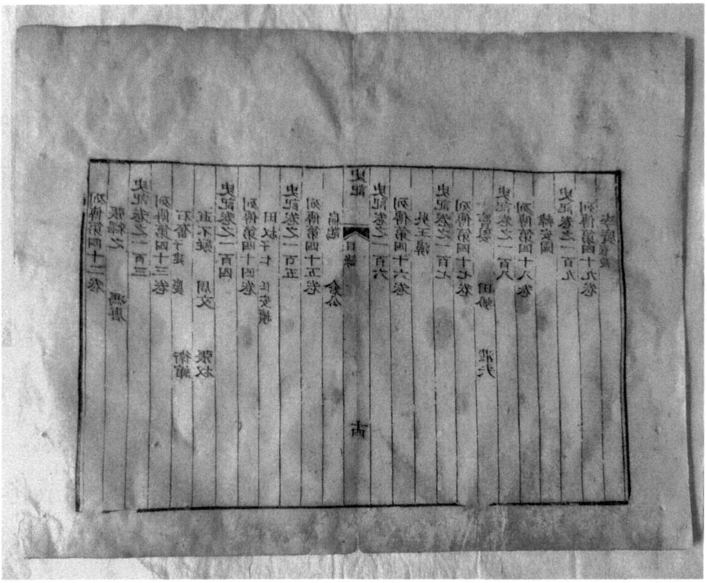

图 5-35 吸水

图 5-36 压平

第七节　纸浆修复技术

纸浆修复技术就是运用传统手工造纸的原理，直接对破损书页进行再造纸。

一、工具

搅拌机、抄纸帘、毛笔、镊子、鹿皮毛巾、滴管（斜剪成 0.3 毫米左右的坡口）、托盘、量杯、小型电子秤、小盆、纱网、喷壶、补纸、羧甲基纤维素钠、水、1.5 厘米左右的宽纸条。

二、准备阶段

首先，将补纸弄碎成小片，也可浸泡 1 分钟左右；其次，将纸碎混水打浆；再次，在纸浆中加入羧甲基纤维素钠后，接着打浆（纸∶水∶羧甲基纤维素钠＝1∶400～600∶0.5）；最后，将打好的纸浆盛入容器备用（纸浆酸碱度最好在 8 左右）。

三、纸浆修复操作

将书页平放在抄纸帘上，摊平；将纸帘与书页整体浸泡在托盘中，进一步在水中整理铺平书页；整体取出纸帘与书页，排出多余水分；铺平鹿皮毛巾，将纸帘与书页整体放在毛巾上（在书页严重破损边缘铺上纸条，打湿，以便后期揭取书页）；滴管内吸入纸浆，开始纸浆修复；用纸浆溜口后，开始有顺序地滴补书页，注意均匀；滴补完毕后，即可用纱网将书页取下晾干，也可在书页晾至八成干时取下；压平，检查，如有缺口，可用传统方法修补；装订成书。

图 5-37　摊平

图 5-38　浸泡

图 5-39　整理

图 5-40　整理纸帘

图 5-41　铺纸条

图 5-42　滴浆

图 5-43 滴补完毕

第八节 加固法

若古籍、文献资料纸质太过于脆弱，不方便手补，可用加固法。加固方法有以下几种：

一、托裱法

这是我国传统的行之有效的加固方法，一般可分为单面托裱和双面耗裱两种。单面托裱，就是在有文字的背面进行裱托，要用质量上乘的托纸，如连史纸、川连纸等；双面托裱适用于两面都有文字的书页，托裱所用的纸要求透明度高，加固后不会影响文字阅读。操作方法如前一章所讲的“托心法”。

二、树脂溶液法

用天然或合成的树脂溶液喷涂在文件上使之加固。选用的树脂溶液应具备的性能：无色透明，对字迹、色彩、纤维无副作用，有一定的黏结力，耐老化，易可逆，处理后不发硬，手感好。具备这些条件的有胶矾溶液、合成树脂溶液等。

胶矾溶液为书画装裱所用的传统加固剂，一般配方为胶 3 克、矾 1 克、水 70～80 克。在配制过程中，应把温度控制在 40℃～50℃。操作时，用排笔将溶液涂在加固件纸页上先涂一面，再涂另一面，涂刷要均匀。也可用浸泡法，即把加固件浸泡在胶矾溶液中，使用时应根据具体情况而定。合成树脂溶液含醋酸纤维素等，近些年也有用聚乙烯醇、丙烯酸树脂等做加固剂的，但目前还没有广泛使用。

三、加膜法

在脆弱纸张的两面各加一层树脂薄膜（如醋酸纤维素、聚酯、尼龙等），使纸张加固。具体方法有多种，如热压加膜法选用醋酸纤维素、聚乙烯、聚酯、聚碳酸酯、尼龙等透明树脂薄膜，盖于纸页的正反两面，通过加热加压，使之得到加固。此法在国外图书馆、博物馆、档案馆中已得到普遍应用。

四、真空加膜法

把纸张放在不锈钢真空容器中，在真空条件下注入丙烯酸乙酯、甲基丙烯甲酯、聚对二甲苯等树脂，使其渗透到纸张纤维中，在纸上形成保护层，起到加固纸张的作用。南京博物院与南京图书馆共同研制的聚对二甲苯加固技术，具有稳定、柔软、无色透明、抗化学腐蚀等优良性能，因而越来越受到人们的重视。

五、丝网加固法

蚕丝树脂网是一种新型的加固材料，适用于绵纸、毛边纸、连史纸、新闻纸等脆薄型纸张及纺织品的加固，尤其适用于两面有文字或字迹遇水渗化的古籍文献的加固。在加固件的一面或两面覆盖一层蚕丝树脂网，丝网上再覆盖 PTFE 薄膜，然后用热压机加压加固。操作时，温度要控制在 80℃左右，太高或太低都不合适。太高则伤纸页，太低则不易黏合，操作时要灵活掌握。

第九节　古籍修复技术规范与质量要求

依据2001年3月26日由文化和旅游部发布实施的《古籍修复技术规范与质量标准》，古籍修复的技术规范与质量要求如下：

一、书页修补质量要求

页面平整，栏线正直，无死折。修补过的地方不缩不皱，平整洁净，无糨糊痕迹和水渍。糨糊使用适量。

二、折口要求

位置准确，折缝平直。

三、补纸要求

补纸颜色、质地、厚度及帘纹与书页相仿，边缘必须有毛茬。补纸与书页粘连处控制在2毫米以内。

四、纸浆补书质量要求

使用纸浆修补的书页，纸浆投放适量并与书页结合紧密。书页正面干净，无多余的纸浆残留。

五、霉变、老化书页的处理要求

霉变面积60％以下的书页，一般只作局部修补，不可托裱。

六、字迹修复质量要求

字迹完整，不跑墨、不掉色。

七、书口修复质量要求

书籍平放时，书口呈90°直角，不歪不斜。书页折口垂直码放，允许误差±0.1毫米。若有衬纸，折口（或边缘）与书口紧贴。

八、页码要求

无颠倒书页，页码顺序正确。

九、栏线要求

书口处栏线整齐划一（或与下脚齐）。

十、纸捻的使用要求

纸捻粗细、松紧适度，位置恰当。

十一、“金镶玉”天地镶料的比例要求

在书页天地两端以外衬纸镶出部分的长度之和不得超过原书的五分之一，天与地的比例为3∶2。

十二、天地两端质量要求

天、地两端整齐（毛装除外）。

十三、书口与书背质量要求

书口、书背平、直，厚度一致，允许误差±2毫米。

十四、包角质量要求

包角严紧，边缘垂直，不松、不皱，平齐。

十五、书皮质量要求

书皮平整，无皱折，无糨糊痕，无指甲划痕。面积大小合适，把书芯四周盖严，不露白边，误差±0.1毫米。

十六、书眼位置要求

书眼位置、距离适当，订线后各线段连在一起成为一条直线，不歪斜，误差±1毫米，两股线互不缠绕，不露线头。

第六章　函套制作技法

第一节　四合套的制作

四合套是书籍式古籍中最常见的一种函套，由坯子、面料、衬里、别带、骨别子等组成。坯子又由套盖、套底、内板（俗称舌头）、前墙、后墙等5块散板组成。

一、操作步骤

第一，测量书籍的长、宽、高。

第二，裁配5块坯子（坯子为0.3厘米厚的纸板）。坯子大小的计算方法如下：

套盖与套底：长同书长，比书宽2个纸板的厚度。

内盖：长同套底，比书宽1个纸板的厚度。

左墙：长同套底，比书高2个纸板的厚度。

右墙：长同套底，比书高3个纸板的厚度。

纸板条：粘贴在套盖正面一边，起美观作用。长同套盖，宽约1厘米。

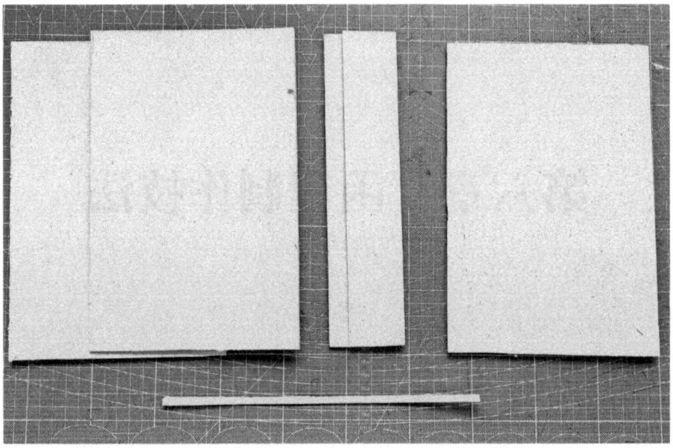

图 6-1　裁配好的坯子

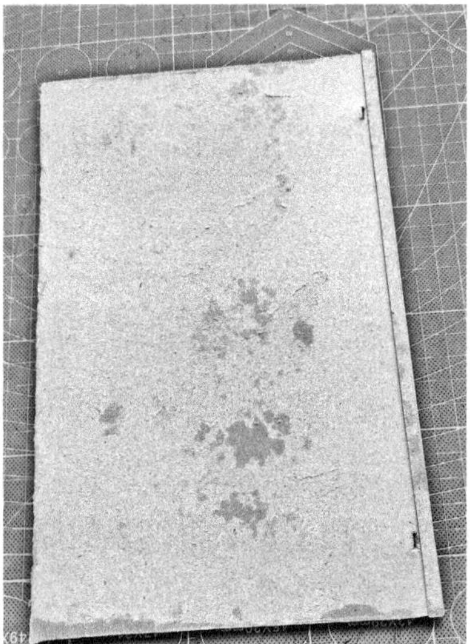

图 6-2　粘好纸板条的套盖

第三，刨斜口。将裁配好的纸板在需拼接的边沿用木刨刨出一条坡形斜口，也可用小刀削。需刨处：套底刨左、右两边；套盖刨左边；内盖刨右边。

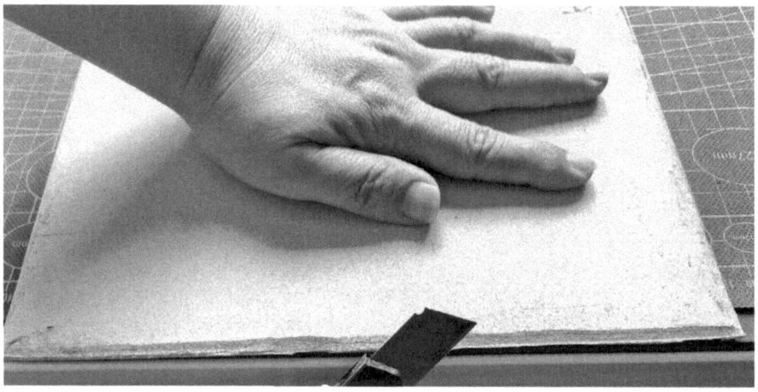

图 6-3　刨斜口

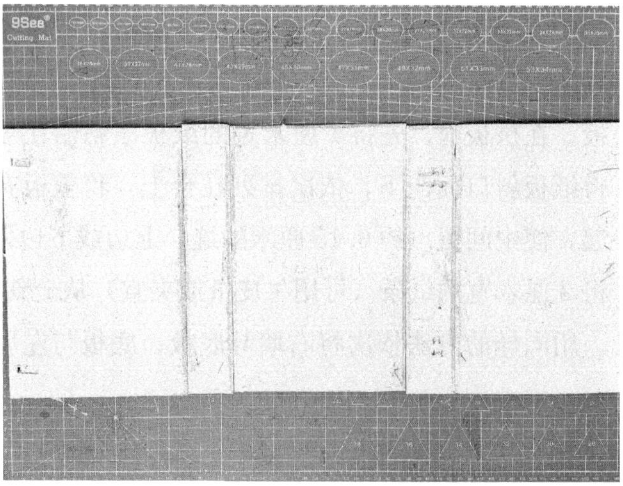

图 6-4　刨好斜口的坯子

第四，包边。为节省布料，内盖可用纸糊，内盖的边沿用布条包边。先将包面料剪成长为内盖的三边之和（除去刨斜口的一边）、宽约 1.5 厘米的长条，在长条的反面抹浆，将内盖的三边用布条包住。

图 6-5　包边

第五，拼板。在拼板前，先将 1 厘米宽的纸板条粘贴在盖板正面不刨斜口的一边。将纸板斜口面向下，依次排列在台上。将盖板有斜口的一边与右墙靠在一起，使中间留出约 0.15 厘米的缝，上边或下边依尺比齐，用小镇块压住。将 2 厘米宽的纸条（可用牛皮纸或夹宣）从上到下贴于缝上，用尺压一会儿。用同样的方法依次将右墙与底板、底板与左墙、左墙与内盖拼接起来。

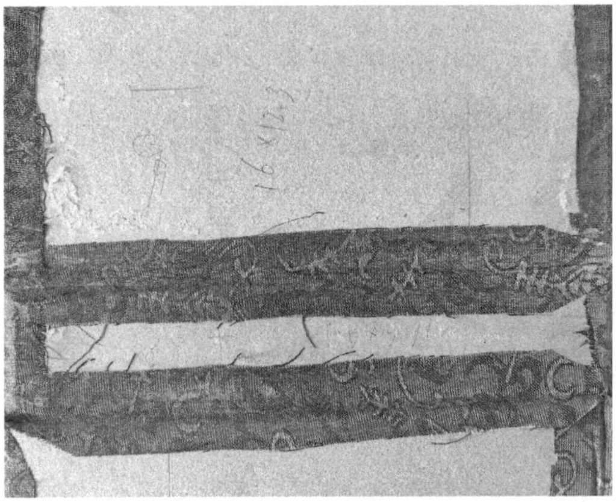

图 6-6　斜口贴条

第六，斜口贴条。在未斜口贴条之前，先将书籍放进拼接好的毛坯板套，试试是否合适，如果合适，再斜口贴条。贴条时，先裁 4 条宽 2 厘米、长比盒套矮 0.5 厘米的包面料，再在料条反面抹厚浆将其粘贴在斜口的拼接处，并且用竹刮子的边在斜口的拼接处将料条往下压实，使之与纸板斜面黏合。

第七，糊盒面。

裁包面料：事先将包盒的面料裁好。包盒面料长为套盖宽＋右墙宽＋套底宽＋左墙宽＋包边（4 厘米），宽为套高＋折边（3 厘米）。如果盒套为全包料，则包盒面料长为毛坯板套的长＋4 厘米的转边。

包面：将包面料反面朝上平铺于台上，均匀地刷上厚浆，把盒套毛坯放在面料上，使上、下、盖口各边余出的料边基本相等，再把上边的料折回一部分粘贴在纸板上，然后连料带坯一起揭起，换一干净处，料面朝上放在台上，用手指及棕刷轻轻将面料花纹对齐刷平。在盒盖两角处将包面料剪去一个三角，使靠角上的料留出约 0.5 厘米，再把盒的上边和下边的余料折回包好，然后将盒盖口的余料折回包好。包到盒盖两个角时，用两

图 6-7　包面前面

图 6-8　包面后面

只手的大拇指先将盒两边回折的料压平在盒盖口侧面的平面上，然后把盒盖口的余料折回粘贴在板上。如果盒套为全包料，则内盖处末尾料的包法与盒盖口料的包法相同。

注意包料时，面料的花纹要对齐。如果包料的质地较稀疏，浆最好刷在纸板上，否则容易从料面挤出，弄脏盒面。

第八，装骨扦。

制作骨带：装骨扦前，先用包面料做几条带子。将面料根据所需长度裁剪成约 2 厘米宽的长条，在长条背面抹厚浆，将其长边的一边先折贴进 0.7 厘米，再将另一边也折贴进 0.7 厘米，使折贴好的带子厚为 3 层、宽约 0.7 厘米。带子的宽窄根据骨扦的大小确定，盒大，则骨扦大、带也宽；反之，则带窄。

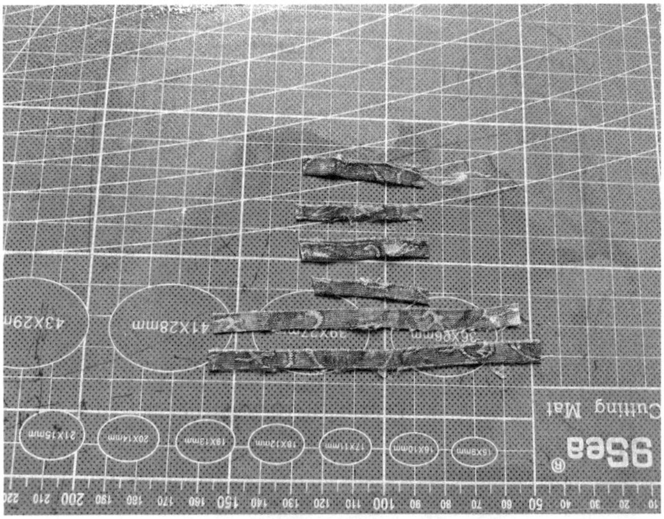

图 6-9　制好的骨带

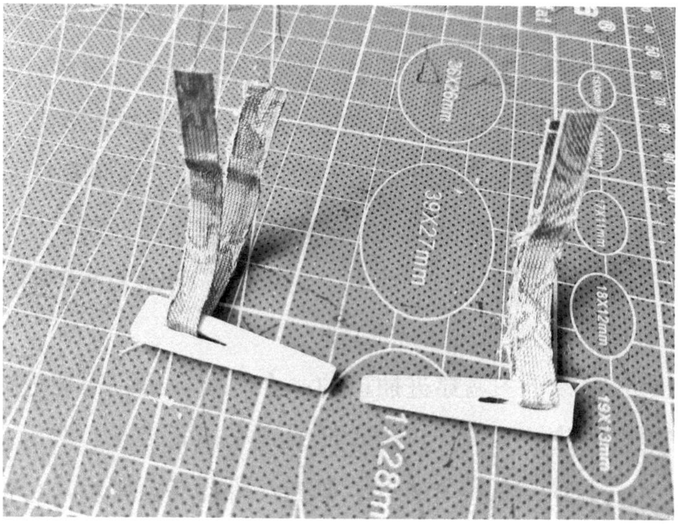

图 6-10　制好的骨扦带

打盖口装骨扦的洞：将套盖口面对自己、面料向上放在锥板上，在套盖的左右两端靠套盖口分别打一个扁洞，扁洞离盒盖前边约 1 厘米，即紧靠纸板条的边，离盒盖的边约为盒盖长的六分之一。

图 6-11　打装骨扦的洞

打骨扦插口洞：将带子一端穿进骨扦装带的眼里，使带子的两头相齐，再将两条相齐的带子末端塞进扁洞里，把套盖合起来，将骨扦的带子垂直拉下，将骨扦放在约距盒高一半的地方（视盒的高度调节距离），并且将骨扦的尖头微微上翘，用笔依骨扦中间的两边在左墙上画两条打插口洞的印，然后打开盒盖，将左墙放在锥板上，依印分别打双眼扁洞，作为装插骨扦的插口。一枚骨扦可以安装一个插口，也可以平列安装两个插口（靠里的一个稍小一些）。

装插口带：将带子一端穿进插口的一个扁洞，另一端穿进插口的另一个扁洞，在洞上另放一个骨扦，按骨扦的大小抽紧带子。取出骨扦，将左墙放在锥板上，用剪刀将多余的带子剪去，留约 0.5 厘米，将带子分别向两边按平，用木槌使劲捶敲。将留出的带子下面的坯挖去一部分，用白胶将带子粘贴在挖去部分的位置，使带子与坯面基本持平。

图 6-12　打骨扦插口洞

图 6-13　插口带的背面

图 6-14　插口带的正面

装骨扦带：对齐骨扦带子的长短后，将盒套翻转，将多余的带子剪去，留约 0.5 厘米，用木槌使劲捶敲，将带子分别向两边捶平（注意捶时不能使盖口贴在 1 厘米宽的纸板条上留有带子的印痕，捶时可在纸板条的边上放一块同样厚的板），将留出的带子下面的坯挖去一部分，将带子粘贴在挖去部分的位置，使带子与坯面基本相平。

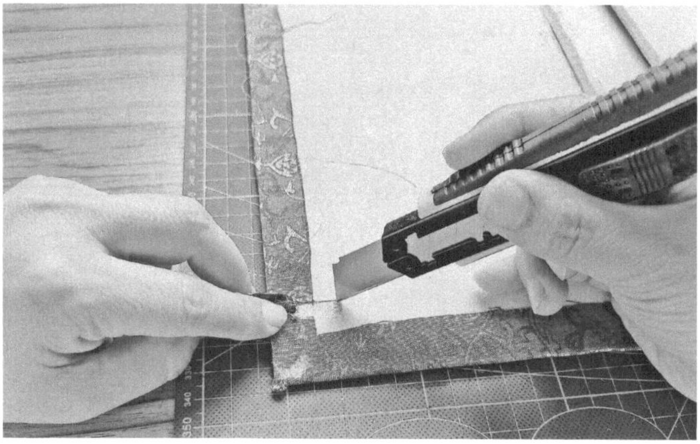

图 6-15　挖带子口

图 6-16　装骨扦带子

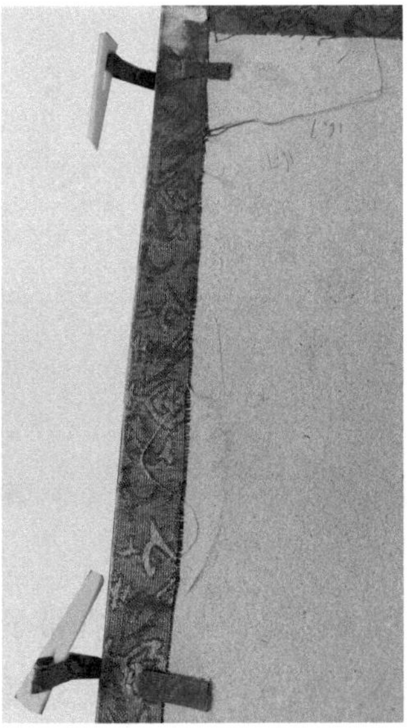

图 6-17　装好骨扦的背面

图 6-18　装好骨扦的正面

第九，贴背纸。一般背纸使用白纸，考究的可使用有图案花纹的纸。将纸裁成分别比盒盖、盒底、内盖、左右墙等纸板的四周窄约 0.3 厘米，在纸上刷稍稠浆，将它们分别粘贴在盒盖、盒底、内盖、左右墙背面的纸板上刷平。

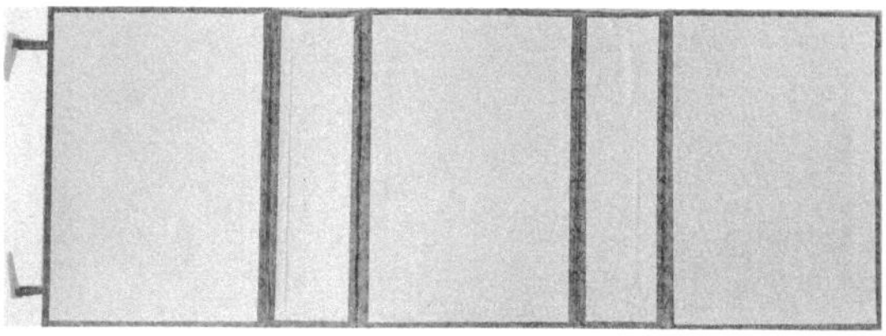

图 6-19　贴背纸

第十，晾干。将做好的书套放在阴凉通风处晾干，也可在未干透时平放在台上，压上重物待干。

第十一，贴签条。签条通常选用洒金宣纸或深色仿古色宣纸，也可将其托裱成 0.15 厘米宽的白色软纸。签条长为盒面的三分之二至十分之七，宽约为盒面的六分之一。签条贴在套盖的左上方紧靠纸板条处，距上边口约 0.5 厘米，刷满浆粘贴。

二、四合套制作质量要求

书籍装进合套不松不紧，大小适宜。每块内胎拼接处所刨坡形斜口宽度适宜相等。每块内胎拼接处相隔距离适宜相等。盒面洁净不脏，包面料包裹紧密、花纹整齐。骨扦与插口安装位置合适服帖。背纸与签条粘贴位置合适平整。

图 6-20　四合套侧面

图 6-21　四合套正面

第二节　六合套的制作

六合套在四合套的基础上，书首和书根两面多加两块纸板，将书籍整个包起来。

一、操作步骤

第一，测量书籍长、宽、高。

第二，裁配坯子（材质同四合套一样）。

套底：长和宽各比书的长与宽多 2 个纸板的厚度。

套盖：长和宽各比书的长与宽多 2 个纸板的厚度多一点。

内盖：长同套底，比书宽 1 个纸板的厚度。

左墙：长和宽各比书长和高多 2 个纸板的厚度。

右墙：长同左墙，比书高多 3 个纸板的厚度。

上、下墙：上下墙规格相同，长和宽各比书的宽和高多 2 个纸板的厚度。

纸板条：长同套盖长，宽约 1 厘米。

图 6-22　六合套坯子

第三，刨斜口、凿内盖。将裁配好的纸板在需拼接的边沿用木刨刨出一条坡形斜口，也可用小刀削。需刨处：套底刨上、下、左、右四边；套盖刨左边；内盖刨上、下、右三边；左、右墙刨上、下、左、右四边；上、下墙刨上、下、左、右四边。根据内盖的大小在纸上画出内盖的式样，用剪刀将纸上的画样剪开；将剪开的纸样放在内盖上，用铅笔沿着纸样的边在内盖上画样；取掉纸样，用刻字刀沿画样将纸板敲凿开；用砂纸将凿开的地方磨一遍。

图 6-23　刨好斜口的坯子

第四，包边。取宽约1.5厘米的包面料长条，将凿开的每块内盖三边包起（除去刨斜口的一边）。遇拐弯处，用剪刀在料的两边分别剪几个豁口再包。

第五，拼板。拼板前，先将1厘米宽的纸板条粘贴在盖板正面不刨斜口的一边。将纸板斜口向下，依次排列在台上。将盖板有斜口的一边与右墙靠在一起，使中间留出约0.15厘米的缝，上边或下边依尺比齐，用小镇块压住。将2厘米宽的纸条（可用牛皮纸或夹宣）从上到下贴于缝上，用尺压一会儿。用同样的方法将右墙与底板、底板与左墙、左墙与内盖、上墙与底板及内盖、下墙与底板及内盖拼接起来。

第六，斜口贴条。未斜口贴条之前，先将书籍放进拼接好的毛坯函套，试试是否合适，如果合适，再斜口贴条。贴条的方法与四合套相同，只是在贴底板四周的贴条时，需将贴条裁成比底板的长或宽分别多3厘米，贴条时将多余部分往两边分别包过，以防包面后底板的四个角露出毛坯。

图6-24 斜口贴条

第七，糊面料。

裁包面料：六合套的包面料长为套盖宽＋右墙高＋套底宽＋左墙高＋贴边（4厘米），包面料宽为套盖高＋上、下墙高＋贴边（2厘米×2厘米）。

包面：将包面料反面朝上平铺于台上，均匀地刷上厚浆。把书套毛坯放在面料上，使盒盖的上边和下边余出的料边基本相等。用剪刀分别沿着盒盖的上下两边及上下墙的边将料剪去一部分，使盒盖的上下两边及上下墙的边料只留约 1.5 厘米宽。在盒盖边与上下墙的拐角处用剪刀对着盒盖与上下墙的拼接处把料裁开，再把盒盖上边的料折回粘贴在纸板上，然后连料带坯一起揭起，换一干净处，料面朝上放在台上。用手指及棕刷轻轻将面料花纹对齐刷平，包上四周的余边和角。包法同四合套。

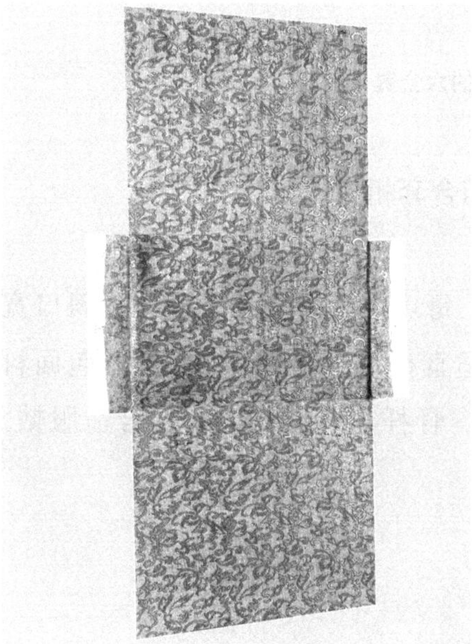

图 6-25　糊盒面

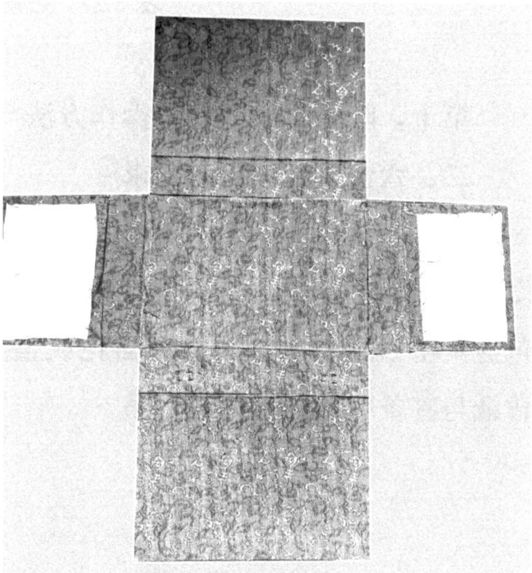

图 6-26　上内盖

第八，装骨扦。操作方法与四合套相同。

第九，贴背纸。一般背纸使用白纸，考究的可使用有图案花纹的纸。将纸裁成分别比盒盖、盒底、左右墙、上下墙等纸板的四周窄 0.3 厘米，内盖背纸按花样剪裁，在纸上刷稍稠浆（或在纸板上刷浆），将它们分别粘贴在盒盖、盒底、内盖、左右墙、上下墙背面的纸板上刷平。

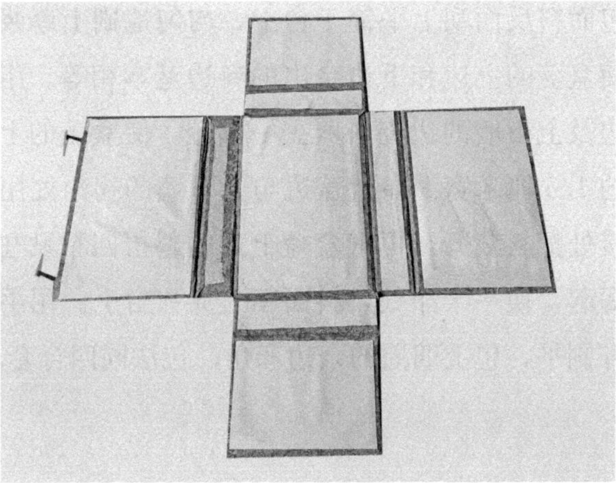

图 6-27 贴背纸的六合套

第十，晾干、贴签条。操作方法与四合套相同。

二、六合套制作质量要求①

书籍装进合套不松不紧，大小适宜。每块内胎拼接处所刨坡形斜口宽度适宜相等。每块内胎拼接处相隔距离适宜相等。盒面洁净不脏，包面料包裹紧密不露内胎，而且料面花纹整齐。骨扦与插口安装位置合适服帖。背纸与签条粘贴位置合适平整。

图 6-28 六合套

① 童芷珍：《古籍修复技术》，215 页，上海，上海古籍出版社，2014。

第七章　古籍保护技术

第一节　古籍病害原因

古籍的材质是纸张，引起古籍病害的原因有纸张本身材质和制造过程的内因，但主要还是外部原因引起病害。外部原因主要有光、温度、湿度、大气中的有害气体、尘埃、动物和微生物。

各种光对纸质文物都有潜在的破坏性，其波长越短，破坏性越大。阳光中波长短的紫外线能量较大，使纸张中的纤维经紫外光激发而泛黄老化易碎，字迹颜色变暗或褪色。敞开直射的垂直阳光，相等光量中引起损坏的紫外辐射量为100；隔窗玻璃的垂直阳光，相等光量中引起损坏的紫外辐射量为34；隔树脂玻璃的垂直阳光，相等光量中引起损坏的紫外辐射量为9；荧光灯相等光量中引起损坏的紫外辐射量为9；白炽灯相等光量中引起损坏的紫外辐射量为3。

湿度过低，会使纸张干燥、变脆、强度下降。湿度过高，对古籍的破坏更大，主要是破坏纸张结构，使纸张变潮、纸纤维水解；纸张上的颜料、染料洇渍，字迹模糊；加速吸收有害气体，生成无机酸，腐蚀纸张；加速有害颗粒遇水溶解，腐蚀纸张；加速微生物的生长繁衍。因此，古籍保存的最佳湿度为50％～60％，相对湿度变化不能超过3％。

温度过高对古籍的危害是使纸张强度下降，易脆易断裂；加速纸张的化学反应，减少寿命；加速纸纤维素的裂解、氧化；有利于有害生物的生长繁殖。最佳温度为 14℃～18℃，24 小时温差不超过 2℃。

大气中的酸性气体如二氧化硫能被氧化成三氧化硫，三氧化硫与水分子结合生成硫酸，被纸吸收后使纸酸化，从而引起纸张老化、字迹褪色。

灰尘是空气中以固体状态存在的一类有害杂质，来源于自然和人类的生产和生活。自然方面，主要是岩石的风化，海水、地下水蒸发时形成的小盐粒结晶体等；人类的生产和生活方面，主要是燃料燃烧时排放的灰尘，工业生产排放的粉尘，文物库房地面、墙壁处理而产生的灰尘等。灰尘对古籍的危害：一是因灰尘是固体杂质，形态不规则，而且多带棱角，落在文物上，在使用过程中会引起对文物的摩擦，使一些质软、脆薄的文物产生机械损伤和污染。二是灰尘一般易吸收空气中的水分，在文物表面形成一层相对湿度较空气高的灰尘层，它能吸附空气中的有害化学杂质，落在文物表面上可使其酸解、碱解、变色、褪色及酥脆等。三是灰尘中往往有黏土，它能吸收空气中的水分产生水解，分解出胶状物。这些胶状物会在文物表面造成灰暗的膜（如金、银器具表面的灰暗膜），也会使文书类文物粘在一起，很难翻动。四是灰尘是各类微生物的载体，是霉菌孢子的传播介质，是微生物寄生和繁殖的场所，可使文物霉烂、腐朽。

第二节　防虫杀虫

一、古籍害虫的种类和特性

（一）害虫的主要种类

烟草甲、毛衣鱼、皮蠹（黑皮蠹、小圆皮蠹等）、书虱、白蚁（家白蚁、黄胸散白蚁、黑胸散白蚁）、幕衣蛾、袋衣蛾、东方蠊、谷粉虫、档案窃蠹等。

（二）害虫传播的途径

自身传播；凭借风力传播；通过糨糊传播；随书籍和器具传播；随进出库房人员传播。

（三）害虫的特性

文物害虫具有耐干、耐热、耐冷、耐饥、繁殖能力强等特性。如耐饥，即使在完全无食的情况下，大多数害虫还能生活较长的时间，一旦有了食物且具备其他环境条件，就能迅速恢复正常的生理活动。其中，花斑皮蠹、百怪皮蠹的幼虫断食 4 年之久仍不会死亡；谷斑皮蠹的休眠幼虫能耐饥 8 年；有的害虫能缩小到原来虫体的六百分之一，有食物供给后又能很快恢复原状。这些特性是一般昆虫所不能及的。在书画、文献库内，文物害虫的繁殖能力较一般昆虫强，几乎没有休眠，能长年不断地繁殖。有些害虫的成虫期可达数年，能连续繁殖两三年之久；有的虫种成虫期虽然只有一两个月，但一生中能产百粒以上的卵，多数卵都能孵化出幼虫。由于纸绢文物害虫繁殖能力强，又在库房条件的保护下免遭天敌伤害，因而能在较短的时间内使库内的害虫密度大幅增加。

（四）危害

文物害虫是一种杂食性昆虫，几乎所有的动物质和植物质都能蛀。由植物纤维等制成的纸绢文物就成了害虫们的食料，各种书籍等文献载体都能为它们所蛀蚀、咬噬。此外，害虫分泌的液体和排出的污迹也会污染文物的表面。如不注意防虫灭虫，就可能对纸绢文物造成严重的危害。

二、防虫杀虫方法

（一）传统防虫方法

1. 杀青避蠹

秦汉时以竹木简作为书写载体，古人曾采用杀青避蠹的方法防治害虫。汉代刘向在《别录》中说："新竹有汁，善朽蠹。……以火炙简，令汗，去其青，易书，复不蠹，谓之杀青。"竹木简经过杀青处理，一则使其质地干燥，易于书写；二则杀灭其中的虫卵，有利于防虫。

2. 浸渍法

将书写、绘画、印刷用的纸绢浸在有杀虫作用的植物溶液中，然后取出晾晒干，便成为防蛀纸绢。古代常用的植物药液有黄柏、花椒、芸草、莽草、百部、苦楝子、烟草、狼毒等，所制的黄纸、椒纸等纸绢经千年而不蛀，防虫效果良好。

黄柏，又名黄檗。早在东汉末期，古人就用黄柏汁浸渍纸张，呈黄色，称黄纸，具有防虫作用。到了魏晋南北朝及隋唐时期，人们已普遍用黄纸制作书籍或作为书画用纸。在敦煌石室发现的经卷，大多采用黄纸书写，至今纸质完好，无虫蛀现象。自 20 世纪中期以来，美国、日本的专家对黄柏的杀虫作用进行了研究，分析其杀虫成分主要是小柏碱，其次是黄柏内脂、黄柏酮、棕树碱等。现在黄柏汁已被较多地应用于文博机构古籍书画的保护。

花椒含柠檬烯香叶醇等挥发油，其果实中还含有香茅醛等，椒根中含有白鲜碱、菌芋碱和小碱等生物碱，具有驱虫、杀虫作用。早在宋代，我国的劳动人民就用花椒汁浸渍纸张，制成椒纸，避虫效果好。除花椒外，秦椒、蜀椒、胡椒等也有防虫作用。

3. 气味驱赶法

将具有一定毒性和刺激气味的药物放入书籍内，或者放在存放文物的箱、橱、柜中，驱赶及毒杀害虫。常用的药物有麝香、木瓜、芸香、樟脑等。

芸香，又名香草、七里香，系芸香科芸香属植物，有强烈的刺激气味。花叶香气皆烈，具有清热解毒、散瘀止痛之功效，又有驱避害虫的作用。宋代以前，我国的劳动人民就用芸香防虫了。古人主要采用两种方法防虫：一是用芸香熏烟，驱虫避蠹；二是将芸香夹于书内或书画内避虫。目前，有些图书馆、档案馆、博物馆及私人机构仍在使用芸香防虫。

樟脑，俗称潮脑、韶脑，用樟树干馏制而成，有特殊刺激气味，是我国传统的一种书籍、书画防虫药物。明代曹昭的《格古要论》中就有书籍

“防虫用樟脑亦佳”的记载。其使用方法是将樟脑块放入橱柜内或将图书、书画收藏在樟木箱、樟木橱柜内避虫。

4. 烟熏法

古人还用植物、动物燃烧后的烟雾杀虫灭蠹。如《周礼》记载，古人用莽草、莴苣燃烧熏虫。莽草性味辛、温，有毒，莴苣性味苦、冷，微毒，二者均有驱虫杀蠹的作用。明人还用动物熏虫：“用鳗鱼干于室中烧之，蚊虫皆化为水；若隶毡物，断蛀虫。”

5. 涂抹法

将铅丹放入罐、钵中研细，加入少量的添加剂和适量的桃胶溶液，用水调匀，配成橘红色涂料，用排笔在纸绢上均匀地涂刷几遍，阴干后即制成防蠹纸，又称红纸。把它装订在书页里或夹在书中，可起到防蠹避虫的作用。此法在明清时期广东佛山地区已被使用。现代科技研究表明，铅丹含有四氧化三铅等有毒物质，对害虫有抑制及杀灭作用。

（二）现代化学药剂防虫、杀虫方法

现代化学药剂防虫、杀虫方法分胃毒杀虫、接触杀虫和熏蒸杀虫 3 种，其中以熏蒸杀虫效果最佳，应用最广。

1. 胃毒灭虫

这是药剂通过害虫胃肠壁进入虫体内引起其中毒死亡的一种方法，如杀灭白蚁就是用的这种方法。过去一般用三氧化二砷、滴滴涕、六六六等药剂，由于残留毒性较大，易造成公害，已不再使用。现在一般用有机磷之类的杀虫剂。封闭文物库房的门窗，将药剂在小碟中分散放置，二三天内绝大多数害虫会被杀死；也可用多孔性树脂浸渍药剂，控制其挥发性，可延长药效 2～3 个月。使用时，注意不能让药剂靠近文物；杀虫剂对人身有一定危害，使用后应开窗通风散毒。

2. 接触灭虫

药剂直接触及害虫，毒性透过虫体表层进入其体内，使害虫中毒死亡。使用方法如消毒杀虫，以放置为主。常用的接触灭虫剂有除虫菊、防蠹纸等。消毒剂接触法主要用来防虫、驱虫，对于库房及文物上的害虫，得力的杀虫方法还是熏蒸。

3. 熏蒸灭虫

将被害虫侵害的文物置于密封容器或小型空间内，控制一定的温度（一般在30℃左右），排出空气，输入环氧乙烷或溴甲烷等熏蒸剂，熏蒸1～2天，可达到杀虫的目的。熏蒸剂所产生的有毒气体分子，通过害虫的呼吸道或气门进入虫体，渗透到血液中，使害虫中毒死亡。这种方法也可用来杀灭霉菌。熏蒸剂大多都有毒性，有的甚至有剧毒，易燃易爆，使用时要注意安全。一是确定使用的容器和场所充分做好密封工作，不得泄露毒气。熏蒸室周围30米之内不得有人居住。二是熏蒸的人员要“全副武装”，佩戴好防毒面具，穿好工作服和胶靴，戴上橡胶手套。三是根据熏蒸对象，选择高效、低毒、对文物无害的熏蒸剂。四是在熏蒸过程中，应严格遵守操作规程，熏蒸结束后应吸收残毒，充分排散毒气。五是必须注意防火，熏蒸前要切断熏蒸室电路，禁止携带火种及穿着钉有铁钉的鞋进入熏蒸室。六是不能在夜晚及大风、大雨等恶劣天气进行熏蒸、放气工作。

常用的熏蒸杀虫剂有以下几种：

其一，环氧乙烷及甲醛。环氧乙烷又名氧化乙烯，在低温下呈无色透明液体，有乙醇气味，沸点为70.8°；在室温下为无色气体，能溶于有机溶剂，与水能混溶，化学性能极其活跃，极易氧化，易燃易爆。环氧乙烷与空气接触后转变为甲醛，甲醛与害虫组织中的蛋白质氨基结合，抑制氧化酶、去氢酶的作用，使害虫中毒而死。它能杀灭各个阶段的全部害虫，并且具有良好的杀菌性能。这种药剂渗透力强，散毒容易，是杀灭纸绢文物害虫、霉菌的一种较好的熏蒸剂，而且对纸绢、字迹无不良影响。为了防止环氧乙烷燃烧爆炸，常与二氧化碳混合使用，混合的比例为1∶9，混合剂称氧化碳，用药量为真空熏蒸每立方米为700～1000克，密闭3～12小时。

其二，敌敌畏。敌敌畏又名DDVP，属有机磷类杀虫剂，无色乳状，略有芳香气味，易挥发，难燃烧，是一种对害虫具有触杀、胃毒、熏蒸 3 种作用的药剂。该药剂通过抑制害虫体内胆碱酯酶活性，促使害虫神经系统中毒而死。由于这种药剂渗透力较差，熏蒸害虫不够理想；但若能断氧密闭放置，能收到好的效果。可将盛放在杯、瓶内的敌敌畏溶液同有窃蠹的纸绢一起密闭在塑料或玻璃箱内，每立方米用敌敌畏 500 毫升，能全部杀死窃蠹害虫。空库房、旧橱柜等消毒灭虫，用敌敌畏作熏蒸剂比较理想。用药量为空库房每立方米用 50％乳油 200～400 毫克，兑水 50 倍；实库房每立方米用 50％乳油 500 毫克。施药方法为喷雾器喷洒或浸蘸布条、棉絮等，悬挂在文物周围，密封 2～3 天。

其三，磷化铝。磷化铝为灰色或深黄色粉末，无臭，遇潮会水解，散发磷化氢。磷化氢是无色、略有葱蒜气味的剧毒气体，熔点为 132.5℃，沸点为 87.5℃，微溶于冷水，不溶于热水，易溶于乙醇、乙醚等有机溶剂。磷化氢对虫体起麻醉和抑制呼吸的作用，使之瘫痪乃至死亡。当磷化氢气体浓度达到每立方米 26 克时，遇火星就会燃烧，甚至爆炸，因此要严格做好熏蒸过程中的密封、安全工作。为防止磷化氢自燃，使用时一般制成片剂。可用磷化铝原粉与氨基甲酸铵以 1∶2 的比例，加上适量硬脂酸镁和石蜡混合后，在高压下压制而成。氨基甲酸铵有极强的吸湿能力，同时放出二氧化碳。二氧化碳能防止磷化氢燃烧，并且能刺激害虫呼吸，提高杀虫效率。磷化铝杀虫，使用剂量一般为每立方米 3～5 克，温度为 20℃以上，熏蒸 3 天，即能达到杀灭成虫、幼虫 100％的效果。若温度、浓度降低，熏蒸时间要延长。一般采用低浓度、长时间密封熏蒸的方法，由于磷化铝至少 3 天才能分解完，所以熏蒸时间不得少于 3 天。

其四，溴甲烷。溴甲烷又名甲基溴、溴代甲烷、溴化甲烷，在常温下无色、无味，属于警戒性气体。其比重为 1.732，沸点为 35℃，难溶于水，易溶于乙醇、乙醚、苯等有机溶剂，能溶解脂肪、树脂、橡胶、颜料等，对金属、丝麻棉毛制品及字迹等均无不良影响。溴甲烷侵入虫体后，因水解而产生甲醇、氢溴酸、甲醛等麻醉性毒物，致害虫死亡。溴甲烷熏蒸杀虫，一般要求在专门的熏蒸器或专用的复合塑料袋内进行，使用浓度为每立方米50～60克，温度为10℃～35℃，熏蒸时间为2～4天，用药量可视温度高低而适当增减。当空气中含溴甲烷体积达到13.5%～14.5%时，遇火会燃烧，而且对人体有较强的毒性，因此必须做好安全防护工作。

其五，硫酰氟。这是一种无色、无臭、不燃、不爆的气体，比重为2.88，沸点为55.2℃，熔点为120℃，不溶于水，在碱性溶液中水解较快。该药剂具有渗透性好、低毒、高效等优点，对金属、纸张、皮革、丝棉织品均无明显影响，其毒性仅为溴甲烷的三分之一，熏蒸后的纸张残留的药量仅为溴甲烷的5%。常温时，一般每立方米使用10～40克的剂量，熏蒸24～48小时，能杀死百怪皮蠹、黑皮蠹、烟草甲、毛衣鱼等害虫，达到100%的效果。但硫酰氟在生产过程中会残留一定量的二氧化硫，二氧化硫吸收水分形成硫酸，会对纸绢文物的纤维和字迹造成不良影响，所以使用时要采用高纯度的硫酰氟（浓度为99%以上）。其六，对二氯苯。对二氯苯又名PDCB，系白色结晶体，熔点为53℃，不溶于水，易溶于煤油、乙醇、苯等有机溶剂。其毒性比樟脑（萘）低，空气允许浓度为每立方米450毫克，而其药效则比萘高45倍。该药剂是一种神经性毒剂，气化成有毒气体，通过害虫的气门、呼吸道进入虫体，经一定时间使害虫中毒死亡。使用剂量为每立方米1～10克，经7～30天可以100%杀死黑皮蠹、花斑皮蠹、烟草甲的幼虫和成虫，以及蠊成虫。这种药剂也可用于胃毒及触杀灭虫。

（三）物理杀虫法

物理杀虫法就是利用高温、低温、辐射等物理作用杀灭害虫或抑制其繁殖。

1. 高低温杀虫

当温度超过50℃时，害虫外表的护蜡层被熔化，从而损害害虫的神经系统，致使其死亡。但高温对有机质文物有不良影响，一般不宜采用。

当温度低于－10℃～－40℃时，昆虫会发生一系列生理变化，如新陈代谢停止、细胞膜及细胞破裂、代谢物不能正常排出，引起中毒死亡。20世纪 80 年代，南京博物院等单位利用工业低温冰箱进行低温冷冻杀虫，先后处理过太白纪念馆善本书及南京博物院所藏拓片、木刻雕版等，都取得了显著效果。其方法是将善本书或拓片装入塑料袋中，放入低温箱内进行冷冻，冷冻温度控制在－25℃，冷冻 48 小时。然后取出，在室温下放置 20～24 小时，让其中的凝结水分蒸发，干燥后即可入库。经检查，拓片等文物中的害虫全部死亡。低温冷冻可以完全杀死各种害虫，但不同的害虫对低温的耐受力不同，如花斑皮蠹、黑皮蠹等耐冷力最强，其次是书虱、药材甲、档案窃蠹等，最不耐冷的害虫有毛衣鱼、米象等。同一害虫的不同虫体（卵、幼虫、蛹、成虫）的耐冷力也有一定差异，但差异不大。可根据不同害虫、不同虫态，适当延长或缩短冷冻时间。低温杀虫对纸绢文物的有机纤维强度、字迹、墨色等均无明显影响，是目前最好、最易推广的一种杀虫方法。

2. 微波辐射杀虫

微波加热是一种电磁场加热。虫体内的细胞结构、神经系统中的胆固醇因迅速加热剧烈振荡而受破坏，从而达到杀虫的目的。福建泉州海外交通史博物馆李国清等人于 1987 年开始研制文物微波处理机并进行杀虫试验。他们将白蚁、烟草甲、毛衣鱼、小蠹虫、树虱等害虫放在微波处理机内，用 120W 微波功率照射，经 2～5 分钟即可杀灭害虫。微波杀虫不仅效益高、适用范围广、使用方便、成本低，而且无残存污染，对古籍材质也无明显影响，是一项前景看好的新技术。

3. 充氮、除氧杀虫

氧气是昆虫存活的不可缺少的条件，当氧气含量低于 2%时，昆虫体内的物质分解、新陈代谢及酶的活性都会受到破坏，从而使昆虫因缺氧窒息而死。科研人员根据这一原理，采用充氮和除氧剂除氧等方法，对文物害虫进行杀灭处理。

真空充氮是一种新的杀虫方法。可用 1.25 立方米真空容器，真空度达

666.7PA，充氮保压60小时，可以杀死毛衣鱼、蜚蠊、档案窃蠹、花斑皮蠹、黑皮蠹、米象等害虫的成虫和虫蛹，而且对有机质文物的质地、颜色、字迹无不良影响，对环境无污染，对人体无害，已在文博、档案、图书等单位应用。

第三节　防治鼠害

一、老鼠的特性和危害

鼠害是古籍文物的最大危害。首先，老鼠只有门齿和臼齿，没有犬齿。门齿特别锐利且会不断生长，如果不磨损，一年能长出13厘米左右，就会影响吃食。因此，它就要不断地咬噬它能咬得动的东西，如食物、纸绢文物、漆木家具等。它的咬肌很发达，咬啃频率为每分钟90次，即两秒钟内可咬3次，破坏力相当大。其次，老鼠撕扯纸绢文物作为做窝的材料。再次，老鼠的排泄物污损书籍。最后，老鼠的脚和毛能携带病菌，若污染古籍文物或其他用具，会将病菌传染给图书馆工作人员和读者。

二、防鼠方法

（一）建筑防鼠

库房的墙基最好用水泥制成，使老鼠无法掘洞穿行。地面应铺设水泥、砖石，接缝处应交接紧密，以水泥填缝。如果是木质地板，应保持板面无缝隙，也可在地板下钉金属网。墙壁发现裂缝，要及时填补抹平。书库的门与门枢、窗与窗框之间不要有超过半厘米的空隙。门窗不应长期敞开，特别是晚上要紧紧关闭。房顶以水泥平顶为最好，如是瓦顶，应尽量缩小瓦缝和瓦面之间的空隙，最好抹水泥。库房的烟囱、气窗、管道口、池水口应加盖铁栅栏、挡鼠罩、铁丝网等防鼠设备。

（二）食物防鼠

在建筑防鼠达不到要求的情况下，食物防鼠便是至关重要的第二道防线。不得在库房、展厅、阅览室内吃饭、吃零食，以免掉下饭菜等食品招引老鼠。严禁在库房、展厅里存放食品，尤其是不应有水。老鼠没有东西吃，只能活四五天，若没有水喝，活的时间会更短。

（三）药物防鼠

我国古代为了使书柜、书籍不被老鼠咬，就在书柜顶上铺一层防鼠药物，如炒过研细的皂角末等；有的是在装订、装裱纸绢的糨糊里加入防鼠药物。古代就用、现在仍用且效果较好的药物主要有樟脑和福尔马林。樟脑自古至今都用作纸绢文物害虫驱避剂，也能防鼠。福尔马琳是甲醛的水溶液，无色有毒，有刺激性臭味，农业上用来拌种消毒，医药上可用作防腐剂、消毒剂，以及用来生物标本的固定与防腐。在糨糊里加入福尔马林，既可防鼠，又可防腐。

三、灭鼠方法

我国灭鼠的历史悠久，早在《诗经》里就有“穹窒熏鼠”的记载。现在普遍采用的灭鼠方法有两种：一是器械灭鼠，二是药物灭鼠。

（一）器械灭鼠

捕鼠的器械很多，有捕鼠夹、捕鼠笼、捕鼠钩、捕鼠箱、电子猫、粘鼠胶等。其优点是成本低廉，原料易得，构造简单，使用方便，对人体无害。但在使用器械捕鼠时，应注意几点：一要观察鼠迹。在掌握老鼠的活动路线后，安放捕鼠器，能收到较好的灭鼠效果。二要先诱后捕。老鼠机警而多疑，开始三四天可只上食不上钩，任老鼠将所上食物吃掉，使其放松警惕后再上食上钩。也可间歇采取这个办法，虚虚实实，出其不意，这样比较容易捕灭。三要选择适宜的诱饵。在老鼠容易喝到水的地方，可用油条、饼干等作为诱饵；在不易喝到水的地方，可以水果为诱饵。

（二）药物灭鼠

砒霜，又名白砒、亚砷酸、三氧化二砷，纯品为白色无味固体。这是一种传统的灭鼠剂，药味为老鼠所喜爱，容易使老鼠上钩。它对老鼠肠胃黏膜有很大的破坏作用，使老鼠腹泻、出血、休克致死。但作用比较缓慢，中毒后短则5～6小时，长则数天才死。配制方法是将100克砒霜和1千克泡湿的面粉均匀混合即成。砒霜有剧毒，使用时要特别注意安全。

磷化锌，对老鼠有极强的毒杀力，老鼠吃后，在体内与胃酸作用，产生剧毒的磷化氢气体，引起中毒死亡，中毒死亡时间一般为3～10小时。配制方法是先将饭或面粉1千克用50克的动物油或植物油拌匀，再称取10～20克磷化锌均匀拌和，即成毒饵。

安妥，为灰白色粉末，老鼠吃后，肺组织即遭破坏，形成肺水肿，造成呼吸严重困难及口干，迫切需要喝水，最后因呼吸窒息而死于洞外。配制方法是每千克食物加入安妥10克，充分拌匀即可；亦可用安妥20%、滑石粉80%拌和成粉状，撒在老鼠洞口或通道上，使其粘于足上，老鼠舔后即中毒死亡。

敌鼠，为淡黄色粉末，稳定性强，溶于热水。它能破坏老鼠血液中的凝血酶原，老鼠吃后会大量出血而死。此药有对人畜毒性低、使用安全等优点。配制方法是先将5克药剂溶于0.5千克热水中，浸泡一夜，第二天再加冷水1.5千克，稀释成0.25%的浓度，然后与适量大米拌匀后，即成毒饵。我国生产的为敌鼠钠盐，它的毒力约比敌鼠大3倍。

配制、使用以上药物时，注意两点：一是配制毒饵时，禁止闲人入内，工作人员要戴风镜、口罩、乳胶手套等，严禁吃食物和吸烟，工作结束后要洗净手、脸及工具。二是毒饵应由专人负责保管，最好头天晚上施放，第二天早上收起。剩余的毒饵及捕杀的老鼠应集中烧毁或深埋。

第四节 防霉

一、霉菌的生存环境

霉菌的生长条件分为必要条件和环境条件两种。必要条件是苏醒的孢子和营养物，环境条件包括水分、温度和不流动的空气。

（一）苏醒的孢子

霉菌是低等植物，霉菌孢子类似植物的种子，霉菌主要依靠孢子进行繁殖。孢子一旦在藏品上繁殖就会产生两类菌丝，一类菌丝伸入藏品内部吸取营养，称营养菌丝；另一类菌丝向空气中生长，称气生菌丝。一部分气生菌丝发育到一定阶段就会产生成千上万的孢子，再向其周围扩散。自然环境中到处充满霉菌孢子，但并非有了霉菌孢子就会发霉。霉菌孢子若处在休眠状况，就不可能长出菌丝危害藏品，只有苏醒后，才可能滋生霉菌。霉菌孢子苏醒的唯一条件就是水分。大多数霉菌孢子在相对湿度为65%以上时都会萌发。霉菌孢子无所不在，其顽强的生命力使我们无法将其全部杀灭，但通过控制相对湿度可以限制霉菌的生长。因为在干燥的环境中，尽管孢子还是那个孢子，但失去了活性，进入休眠状态后，就无法繁殖。因此，控制环境湿度相当关键。

（二）营养物

大多数古籍藏品都可以成为霉菌的营养源，霉菌会在任何可能的基材上生长，包括木炭、油漆、不锈钢和玻璃。如果基材的表面是肮脏或油腻的，就会将尘埃聚集成霉菌的养料来源。

（三）水分

水分在霉菌的生理代谢活动中起着非常重要的作用，霉菌生长最重要的因素就是水分的存在。霉菌孢子从休眠状态活化苏醒的条件就是水分。高湿会唤醒休眠中的孢子，使之活化并启动其生长机制。水分也是构成细胞物质的原料之一，霉菌细胞含有大量水分（占鲜重的85%～90%，孢子含水量约占38%），各种可为霉菌摄取的食物也必须先溶于水才能被霉菌菌体吸收。因此，只有周围环境可以提供充足的水分，霉菌才可能发育，否则就可能停止繁殖。

（四）温度

霉菌的生长发育是一个复杂的生物化学过程，它们需要在一定的温度范围内才能完成。但霉菌对温度变化或冷热的抵抗力较强，尤其是孢子较菌丝体的生命力更强。所以，温度在霉菌的整个生长发育过程中起到的是促进作用，并非决定性作用。因此，试图通过降低温度抑制霉菌的生长，其作用是有限的。

（五）不流通的空气

在绝氧的环境（并非微氧）中，霉菌菌丝就会萎缩、死去，但藏品保存场所有的是空气。特别需要注意的是空气不流通或流通缓慢，可从两个方面促进霉菌的繁殖。一是停滞的空气更有利于霉菌孢子落到藏品上，二是空气流通不够减缓了藏品水分的蒸发，使其含水量增大。以上两方面因素的配合，为霉菌的萌发提供了一个更加有利的环境。

二、防霉方法

即使受害藏品经过消毒，要杀死那些处在休眠状态的霉菌孢子，消毒也是无能为力的。只要温湿度适宜，霉菌孢子就会活跃起来，霉菌又会生长。为了确保去霉后的古籍不再立即滋生霉菌，需要将处理后的藏品放入隔离区，将隔离区的温度控制到21℃以下，相对湿度低于55%，并且保持温湿度稳定。在此环境下，对其连续观察几周后，在藏品上确实没有发现新的霉菌滋生，才可以考虑将其送回原处保存。在隔离监督期间，定期检查发霉的藏品，特别要检查书的装订线及书脊里面，确保没有新的霉菌生长。

进入库房后，要维护结构隔水。书库的墙壁与底层的地面要做好隔水处理，阻止外部水汽渗入。书库的外墙要远离排水沟，减少室外向室内渗水的可能。

保存场所内部的柜架要与外墙保持一段距离，柜架底层不得直接贴地，以降低墙壁、地面湿气的渗入，同时也利于通风。如果库房已遭受洪水或出现渗水的区域，为避免库内局部位置发霉，应预防突发性水害，如上层漏水等。尽快处理室内的积水与水渍处，并且迅速移走水渍品。认真对待库内的水痕，依据水痕查找水渍形成的原因，杜绝渗水问题的出现并对这些位置进行干燥处理。控制存储环境的温湿度，温度低于21℃，相对湿度保持在45%～60%，可使霉菌孢子处于休眠状态。藏品存储区保持良好的空气流通，监视空气不流通的死角区。库内通风不好的角落或其他相对湿度较高的局部位置，可以采用移动式去湿机或电风扇加强通风性，风扇最好放在靠墙或接近地面处。做好日常的维护与内务工作。存储与利用馆藏的区域应保持尽可能的清洁，将藏品放在封闭的装置内。

任何杂物，包括废弃的装具等均不得堆积在保存场所内部，这些物品一般长期得不到翻动且内部通风不畅，特别容易滋生霉菌与害虫。如果库内曾多次出现霉菌，应更换HVAC（采暖、通风空调）的空气过滤网。

第五节　防灰尘及有害气体

一、灰尘及有害气体的危害

有害气体来源于人类活动所带来的生活污染、工业污染、交通污染等。空气中的有害气体有二氧化硫、硫化氢、一氧化氮、二氧化氮、氯气、氯化氢、臭氧等酸性气体和氧化性气体。这些气体在空气中及一定的条件下会与古籍文物产生化学反应，一方面催化水解降解，使古籍文物中的纤维素遭到破坏，纸张易老化、发黄发脆；另一方面还有漂白作用，使古籍上的文字、图画褪色，变得模糊不清。

灰尘是悬浮在空气中的矿物和有机物等微粒，其组成很复杂，一般有工业生产、燃料燃烧所产生的各种有害烟尘及煤粉、石灰粉、水泥、花粉、孢子等。它们的形状、性质不同，危害程度也不同。大者直径在10微米以上，小者直径在1微米以下，有的甚至小于0.07微米。其破坏作用：一是灰尘中的颗粒与纸张表面会产生摩擦，常会划伤纸张，降低纸张的机械强度和抗拉强度，损伤文物。二是灰尘中的盐类遇水汽会潮解、黏结。三是灰尘中复杂的化学成分在一定条件下会发生化学反应，与遭灰尘、水浸等污损的古籍相互作用，破坏纸文物中所含的纤维素，减损纸的机械强度。

四是影响纸组文物表面的整洁和字迹、图画的清晰。

二、除尘

对进入库房及展厅的灰尘和有害气体，可采取以下方法净化和过滤：

其一，除去酸性气体。可将空气通入碱性溶液中，使其成为盐类而分离；或者用空气过滤器，在滤层中放入碱性物质，不仅能消除空气中的有害气体，还能阻止粉尘通过。

其二，针对空气中的金属粉尘、植物纤维、霉菌孢子等微粒，由于其粒径小，可采用带有阻隔性质的过滤分离方法清除。一般采用粗效过滤器、中效过滤器和高效过滤器组成的三级过滤方式。粗放过滤器可过滤 10 微米以上的沉降微粒及各种异物；中效过滤器可过滤 1～10 微米的悬浮微粒；高效过滤器主要用于过滤 1 微米以下的微粒。在实际使用中，一般将中效过滤器和高效过滤器串联使用。目前用得较多的有滤纸过滤器、纤维层过滤器、发泡材料过滤器、静电自净器等，各种过滤器具有不同的性能和特点，可根据实际需要选用。

三、防尘

其一，远离及排除污染源。新建博物馆、图书馆、美术馆及私人收藏机构，应选择建在环境优美、空气清新、四周有树林绿地的地方。在重点文博单位附近，不得有工矿企业、垃圾场、污水坑，不得燃烧矿物燃料，不得烧火、焚垃圾，尽量清除排放有害气体及灰尘的火源。

其二，保持库房及展厅的清洁卫生。文物进库房前，先除尘去污；对室内地面、墙壁及橱、柜、盒、匣等载体要勤扫勤擦抹；库管人员要衣着干净，进入库房要穿鞋套；展厅、库房门口应铺上细金属丝、地毯等，以防将灰尘、泥土等脏物带入。

其三，打扫灰尘。除人工外，可使用吸尘器、静电空气除尘器等，也可在装有通风设备的专用通风橱中除尘，或者采用小型空气压缩机，利用空气压缩机的气流吹掉文物上的灰尘。机器除尘速度快、效果好，但要注意不要吹、吸坏一些易破碎的古籍文物。

其四，提高库房及展厅的密封度。可在窗户、气窗及通风口上装一层涂油的薄细金属丝网或浸过50%手提式吸尘器油的棉纱，能一定程度上防阻灰尘和有害气体的侵入。如公开展览的时间很长，就要加强陈列柜的密封。可用硅橡胶或聚氨酯将所有的缝隙、接口密封起来，还可用橡胶条作橱柜门的垫料。定期测量库房、展厅、陈列柜里的飘尘情况，发现问题要及时采取有效的防尘措施。新型的文物保管楼，窗户要小、密封，以防光线、灰尘、有害气体。

其五，及时开关窗户，调节库房及展厅的空气，将有害气体排出去，让室外的新鲜空气流进来。但开窗通风应选择晴日、无大风的天气，一般在上午9～11点、下午3～5点开窗，较为适宜。刮风特别是空气污浊时不要开窗，东风较大时也不要开窗。因为刮东风有雨，东风含有水蒸气，较潮湿，容易生虫。

其六，注意防煤烟、油烟等。文博单位特别是私人收藏机构的库房、展室不得与厨房相通，不得在库房、展室内烤火、烧饭做菜，附近也不要建锅炉房，防止煤烟、柴烟、油烟等损害古籍文物。纸绢文物遭到煤烟等损害后，不但品相差，而且质地会变脆。

其七，对一些珍贵的纸绢文物，可采用加薄膜和密封套的方法保护。

第六节 防光

一、光及紫外线对纸绢文物的危害

其一，光对纸绢文物的损害是明显的，如一幅字画或一本书，让太阳光直接照射，要不了多久，就会发黄变脆，手触即破；相反，如果收藏在房间及橱柜里，情况就会好得多。有些字画或古籍历经千年而品相如新，原因固然很多，防光、避光就是其中一个重要的原因。

其二，光是由光源发出的一种电磁波，波长不同，电磁波的特性也不同。波长为 0.04～0.39 微米的称“紫外线”，波长为 0.39～0.77 微米的是人们可以感觉到的“可见光”，波长为 0.77～1000 微米的称“红外线”，紫外线和红外线是不可见光。除自然光外，还有人工光。在人工光中，除可见光外，也有少量的紫外线。

其三，光的破坏作用取决于光的波长。光的微粒称光子，每个光子都有一定的能量。研究表明，波长越短、频率越高的光子，能量就越大，辐射热就越强，破坏就越严重；相反，波长越长、频率越低的光子，破坏性就越小。因此，光里的紫外光对纸绢文物的破坏性最大，可见光次之，红外光最小。

其四，光激活的化学作用对纸绢文物的损害。纸质文物的主要原料是植物纤维，其主要化学成分是纤维素、半纤维素和木质素。纤维素作为纸张的基本成分，在有氧环境中会发生氧化反应，在光的作用下会加速其氧化，生成容易粉碎的氧化纤维素，使纸张的机械强度（耐破度、耐折度、撕裂度等）大大降低。即使在没有氧存在的环境中，光对纸张亦有破坏作用，紫外线钻进纤维素的内部结构后，就会切断形成纤维素的长链分子，从而破坏纤维素的内部结构。半纤维素是多聚糖分子的混合物，在光的照射下会加速水解，生成易溶于水的木糖、甘露糖等单糖。木质素和纤维素一样，是碳氢氧的化合物，在光的照射下，将加速氧化，而温度越高，氧化就越快；氧化后，变为褐色的氧化木质素，使纸张的强度降低。

二、防光措施

其一，库房、展厅的建筑应防光避光。屋顶以脊式屋顶为宜，还应建成上下顶之间有一定空间的间层屋顶，不应建成单层屋顶。这样的屋顶可降低室内热量，又能防止雨水直接漏进室内。屋顶所用建材应选择热传导率较小又隔潮的材料。门窗要小，而且不要朝西开，避免日晒，尽量减少光线的射入。

其二，采取避光措施，不让光线直接射入库房、展厅，照在纸绢文物上。可用不透光的遮帘、厚窗帘、夹层窗帘把窗户遮住，或者在窗户上挂竹帘、搭凉棚及安装遮阳板、双扇遮光百叶窗等。过去人们在窗玻璃上涂上清漆，也有用白铅粉和桐油以 2∶1 的比例相混合，用汽油稀释，涂在玻璃上，可滤除部分紫外线。由于太阳光是一种包含红、橙、黄、绿等颜色的复色光，可在窗户玻璃上涂上红、橙、绿等颜色，或者直接采用有色玻璃，使太阳光中的各种颜色被同色的玻璃吸收，从而改进入射光线的质量。还可选用合适的防光玻璃，如毛玻璃、凹凸玻璃、吸热玻璃、夹层玻璃、空心散光玻璃等，不仅能减弱太阳光线射入的强度，吸收红外线，还可减少紫外线的透射。

三、紫外线的过滤

以上传统方法对紫外光的吸收毕竟有限。以玻璃为例，大多数玻璃只能除掉波长为 325 纳米以下的紫外光，却难以阻挡 325～400 纳米的近紫外光。对紫外线的过滤，可用以下专门方法，效果较好。

其一，选用一种含氧化铝和氧化钴的玻璃作为窗玻璃，阻止紫外线的辐射，但成本较高。

其二，应用紫外线吸收剂（涂料）。这种吸收剂能吸收紫外线，并且能把紫外线光能转变成无害热能。使用方法：一是将吸收剂涂在窗玻璃或荧光灯管上；二是将吸收剂加入聚甲基丙烯酸甲酯树脂中，制成 UV 有机玻璃板；三是将吸收剂加入醋酸纤维素中制成薄膜，一般浓度为每平方米 5 克。

目前较好的滤紫材料有中国科学院化学研究所研制的一种滤紫涂料及薄膜。这种涂料不仅可以用来涂门窗的玻璃，而且可以将其涂在书柜、书箱、展柜的表面，可以滤除 99%的紫外光，而可见光透过率在 99%以上；滤紫薄膜的滤紫外光能力与涂料相同，可见光透过率在 85%以上，接近窗户玻璃，可用来包裹日光灯管、灯泡等。其他较好的滤紫外光材料还有国产滤紫外有机玻璃、美国滤紫外有机玻璃、日本滤紫外薄膜、德国滤紫外有机玻璃等。

四、贮藏陈列的照明

其一，确定合理的照明标准。纸绢文物在收藏、陈列时的照明标准应从观众欣赏文物和是否有利于保护文物的角度考虑，既要满足欣赏、研究工作的需要，又能最大限度地减少光对文物的危害。国外对书库、画库的照明强度有一定的规定，如英国对非公开的藏书室，推荐照度值为 100 勒克斯，即在 100 平方米的书库只能安装 40 瓦的灯管 5 支。中国画库、书库、展厅的照明标准可参照国外的照度值酌情制定。可采用的措施：一是选用感应电源，人来灯亮，人走灯灭。二是降低整个库房及陈列室的总照明度，即空间暗、藏品亮。三是把文物尽量存储于柜、箱、匣等载体中，避免曝光。

其二，人工光源有白炽灯（如钨丝灯）、荧光灯（如常见的日光灯）等。白炽灯不辐射紫外线，但其使用成本较高，释放的热能也大；荧光灯比白炽灯省钱，释放的热能小，但会射出少量紫外光。如灯管上的荧光粉脱落或灯管上有些地方未被荧光粉涂抹，灯管内紫外线直接射出后所造成的危害比室外的阳光更厉害。因此，库房和展厅使用未经处理的人工光源不妥。

其三，照明宜用无紫外线荧光灯。这是一种能将由水银辐射的 400 纳米以下的紫外线完全遮断而仅射出可见光的一种灯具。它是在荧光灯管内涂布氧化钛或氧化锑或在荧光灯管外壁涂布紫外线吸收剂制成。目前，无紫外线荧光灯为广州灯泡厂、中国建筑科学院建筑物理研究所等共同研制，菲利浦公司生产的最佳，可消除 300～400 纳米的紫外线，适用于博物馆、美术馆、图书馆及私人收藏机构等。

第七节 储藏环境

一、古籍存放形式

（一）书函

书函由书衣发展而来。早在隋唐时期书籍还是卷子本的时候，就在卷子外裹以布袱，这就是书衣。书衣能保护书，而且能增强书籍的美观度。书衣经过进一步的发展就出现了书函。如果说书衣是书的内衣的话，书函就是书的外衣。书函有的全部是用纸做的，但大多是用硬纸做里，刷上糨糊，外面裹上一层布。书函的形式有四合套、六合套、月牙套等多种。

（二）书匣

书匣有木书匣和纸书匣两种。纸书匣由内外匣套合而成，内匣较小，外匣较大，都是五面围着，一面开口，书籍放在内匣里，外匣从内匣开口处套进去。木书匣俗称木盒子，以檀木、楠木等材料做的最好。我国现存最古老的藏书楼——宁波天一阁的藏书都是放在小木盒里，分类藏于书橱里的。木盒不仅可以用来藏书，还可以藏书画册页。

（三）木夹板

在书籍的正面和底面各加一块大小相近的木板，以绳、带系紧。我国早在三国时就用木板夹系文书了。夹板以银杏木、梓木、楠木做的最好，不生虫，不走样；用苦楝木、枣木、樟木等材料做的也不错。

（四）档案夹

档案夹是现代保护书籍用品，以纸、布或塑料等制成，并且做无酸或碱性处理，用来存放文献资料或书画册页。

（五）聚酯类胶膜保护套（袋）

聚酯类胶膜保护套（袋）为新研制保存书籍的产品，用来存放文献资料或小型书画，优点是透明度高，可直接阅读，避免触摸文物。

（六）箱、橱、柜

箱、橱、柜用楠木、樟木等制成，用来盛放古籍。有的特制的大木箱，外涂血料，上大漆，潮气进不去。还有的在箱、柜里再加一层锡皮、铁皮，黑漆描金，更能防止潮气的侵入。箱、橱、柜除了用漆木做的外，还有用铁皮、藤条做的。

（七）架

把古籍用箱、盒、函等存放后，再放在铁、木等制成的架子上，更能阻隔潮气。

二、藏书建筑要求

古籍存放的书库、展厅等建筑的密封性要好，如同一个大橱；通风性也要好，室外空气清新、干湿度合适，打开门窗，使室内外空气流通，对保护古籍文物十分有益。

（一）搞好库内及展厅内的清洁卫生

以人工及吸尘器等机械方法，勤擦拭，勤打扫，保持室内及室外的整洁，并且尽量把古籍文物封闭存放，避免灰尘、潮气、昆虫、霉菌等的侵害。

（二）控制室内温度和湿度

温度要尽量保持在14℃～18℃，相对湿度保持在50％～65％。在这样的温、湿度条件下，不但能抑制害虫、霉菌的生长，而且能延长古籍文物的寿命。

（三）管理和技术

长期做好虫害、鼠害、霉菌、光照、灰尘、有害气体等的防治工作。

参 考 文 献

［1］陈彬龢，查猛济．中国书史［M］．上海：商务印书馆，1931.

［2］刘国钧．中国古代书籍史话［M］．北京：中华书局，1962.

［3］肖振棠，丁瑜．中国古籍装订修补技术［M］．北京：书目文献出版社，1980.

［4］魏隐儒，王金羽．古籍版本鉴定丛谈［M］．北京：印刷工业出版社，1984.

［5］李致忠．中国古代书籍史［M］．北京：文物出版社，1985.

［6］郑如斯，肖东发．中国书史［M］．北京：书目文献出版社，1987.

［7］潘美娣．古籍修复与装帧［M］．上海：上海人民出版社，1995.

［8］朱赛虹．古籍修复技艺［M］．北京：文物出版社，2001.

［9］杜伟生．中国古籍修复与装裱技术图解［M］．北京：北京图书馆出版社，2003.

［10］肖东发，杨虎．插图本中国图书史［M］．广西：广西师范大学出版社，2005.

［11］奚三彩，欧阳摩一．纸绢文物——老古董养护袖珍手册［M］．南京：江苏美术出版社，2001.

［12］童芷珍．古籍修复技术［M］．上海：上海古籍出版社，2014.

［13］张志清，陈红彦. 古籍保护新探索［M]. 杭州：浙江古籍出版社，2008.

附录 1

馆藏纸质文物保护修复方案编写规范[①]

1　范围

本标准规定了馆藏纸质文物保护修复方案编写规范的文本内容和格式。

本标准适用于全国馆藏纸质文物保护修复方案的编写。

2　规范性引用文件

下列文件对于本文件的应用是必不可少的。凡是注日期的引用文件，仅注日期的版本适用于本文件。凡是不注日期的引用文件，其最新版本（包括所有的修改单）适用于本文件。

3　术语和定义

下列术语和定义适用于本标准。

3.1　馆藏纸质文物（paper collection）

由收藏机构所收藏的、由纸及写印色料所构成的文物，包括书籍、报刊、档案、图纸、地图、碑帖、拓片、纸币、文书、邮票等。

3.2 消毒（disinfection）

通过物理或化学方法杀灭纸质文物上的微生物、害虫等。

3.3　清洗（cleaning）

通过物理或化学方法去除纸质文物上附着的污染物。

---

①　国家文物局：《中华人民共和国文物保护标准汇编（一）》，419－431 页，北京，文物出版社，2010。关于规范中提及的附录或表格，本书不再一一引述，仅在附录 2 中有选择的予以列示。

3.4 脱酸（de-acidification）

通过脱除纸质文物中所含的游离酸，使 pH 值处于适宜的范围。

3.5 加固（reinforcement）

通过技术措施增加纸质文物的强度，提高其耐久性。

4 保护修复方案文本内容

4.1 概述

馆藏纸质文物保护修复方案文本内容主要包括封面、各方签章、馆藏纸质文物保护修复方案编制信息表、前言、基本信息与文物价值、保存现状的调查与评估、保护修复工作目标、保护修复的技术路线及操作步骤、风险评估、保护修复的工作量与进度安排、保护修复后的保存和使用条件建议、安全措施、经费预算与管理等。

4.2 封面

馆藏纸质文物保护修复方案封面包括封面一和封面二。封面一是方案文本的首封面，应按照附录 A 填写；封面二是方案文本的扉页，应按照附录 B 填写。

4.3 各方签章

馆藏纸质文物保护修复方案应有方案委托单位、方案编制单位和方案参与编制单位法人代表的签章并加盖公章；应有方案编制负责人和方案审核人的签章。各方签章应按照附录 C 填写。

4.4 保护修复方案编制信息表

馆藏纸质文物保护修复方案编制信息表应按照附录 D 中的表 D.1 填写。

4.5 前言

馆藏纸质文物保护修复方案应编写任务来源、目的、意义等内容。

4.6 基本信息与文物价值

4.6.1 基本信息

馆藏纸质文物的基本信息主要包括登录号、名称、年代、类别、等级、质地、尺寸、质量、收藏单位、入藏时间、来源等。

4.6.2 文物价值

馆藏纸质文物的价值主要包括下列几方面：

a）从历史、艺术、科学等角度说明该文物的文物价值。

b）说明该文物在其收藏单位所收藏文物中的地位及在本地区文物研究中的作用。

馆藏纸质文物的基本信息与文物价值应按照附录 E 中的表 E.1 填写，一物一表，附在方案正文之后。

4.7 保存现状的调查与评估

4.7.1 保护修复历史资料调查

若该纸质文物曾做保护修复，应尽可能提供原保护修复的有关资料。馆藏纸质文物的保护修复历史资料调查情况应按照附录 E 中的表 E.2 填写，一物一表，附在表 E.1 之后。

4.7.2 病害调查

4.7.2.1 应对纸质文物现状进行描述，提供可反映病害状况的保存现状照片。照片拍摄的角度和取景部位应侧重文物病害状况。拍摄时，应在文物旁边放置标尺和色卡。

4.7.2.2 应对纸质文物病害进行描述，绘制病害图，在图中标示病害的种类和分布。病害图的绘制应根据 WW/T 0026-2010。

4.7.2.3 应对纸质文物病害现状做整体评估，一般按基本完好、微损、中度、重度、濒危五级划分。

馆藏纸质文物的病害状况调查应按照附录 E 中的表 E.3 填写，一物一表，附在表 E.2 之后。现状照片和病害图附在表 E.3 之后。

4.7.3 分析检测

编制馆藏纸质文物保护修复方案时，应对文物做一些必要的分析检测，主要包括保存环境的温湿度和照度、pH 值、写印色料的溶解性、色度等。以上项目未做检测的，需说明原因。重要文物可根据具体情况做更多的检测，如材质纤维、组织结构、书写绘画颜料、有害气体及微生物等。需要取样的，应该按照相关程序申报。

馆藏纸质文物的分析检测情况应按照附录E中的表E.4填写，一物一表，附在表E.3之后。

4.8 保护修复工作目标

4.8.1 保护修复的数量指标

应明确需保护修复馆藏纸质文物的数量。

4.8.2 保护修复的技术指标

应从馆藏纸质文物保护修复前后pH值、色差、柔软度、强度、平整度等方面衡量。

4.9 保护修复的技术路线及操作步骤

4.9.1 保护修复技术路线应是在对馆藏纸质文物保存现状调查与评估及保护修复工作目标、保护修复原则、国内外纸质文物保护修复方法充分研究分析的基础上提出的。

4.9.2 应根据实际情况并依据保护修复技术路线制定操作步骤。

4.9.3 应分别列出各操作步骤中拟采用的材料、工艺，并且简述实施过程中的要求。

4.9.4 需异地保护修复处理时，应说明运输过程中运输安全措施、运期等要求。

4.10 风险评估

4.10.1 应说明在馆藏纸质文物保护修复过程中可能出现的技术难题及应对措施。重要文物应先做局部实验，待请专家论证后方可进行技术实施。

4.10.2 应说明在馆藏纸质文物保护修复工作完成后短期和长期保存期间，文物可能出现的问题，并且制定应对该问题的具体措施。

4.11 保护修复的工作量与进度安排

4.11.1 保护修复的工作量

应明确整个馆藏纸质文物保护修复项目中各步骤的工作量，根据拟保护修复文物的类别、数量及难度，在具备一定场地、设备的情况下，确定所需技术人员的数量、工作时间等。

4.11.2 工作进度安排

应说明按年月的工作进度时间安排和每时间段的工作量指标。工作进度安排应根据下列各项确定：

a）保护修复的工作量。

b）项目实施技术人员的人数及投入时间。

c）若工作进度可能存在不可预测的风险，应做相应说明。

4.12 保护修复后的保存和使用条件建议

对馆藏纸质文物保护修复后的保存和使用条件提出建议，包括存放方式和环境温湿度、照度等。

4.13 安全措施

4.13.1 应简述馆藏纸质文物保护修复过程中因生化材料的使用而造成的对人体及环境可能的危害以应对措施。

4.13.2 馆藏纸质文物保护修复方案的设计中应尽量避免使用产生有害气体的生化材料；在产生有害气体的情况下，应提出控制方法。

4.13.3 馆藏纸质文物保护修复方案的设计中应尽量避免使用产生有害排放液的生化材料；在产生有害排放液的情况下，应提出控制方法。

4.14 经费预算与管理

4.14.1 经费预算

馆藏纸质文物保护修复方案应按照国家有关文物保护修复专项经费管理办法编制预算。

4.14.2 经费管理

文物保护修复经费属于国家专款、地方财政拨款或收藏单位自有（筹）资金的，应按国家有关规定制定使用规则；属于社会捐赠的，制定使用原则时应特别考虑捐赠单位或个人的有关要求。

5 格式

5.1 幅面尺寸

馆藏纸质文物保护修复方案文本幅面尺寸为 A4 规格的纸张。

5.2 文本格式

方案名称一律为宋体 3 号字，正文字体一律为宋体小 4 号字。

附录 2

古籍修复方案

班级：

姓名：

学号：

时间：

馆藏纸质文物保护修复方案编制信息表

方案名称						
方案委托单位						
方案编制单位	名称					
	单位所在地					
	通信地址		邮编			
	资质证书		代码			
	主管部门		代码			
方案编制参与单位	序号	单位名称				
	1					
	2					
	3					
方案编制负责人	姓名		性别	□男 □女	出生年月	
	学历	□研究生 □大学 □大专 □中专 □其他				
	职称	□高级 □中级				
	联系电话		E-mail			
方案主要编制人员	姓名		职称	□高级 □中级 □初级		
	所在单位					
	编制范围					
方案主要编制人员	姓名		职称	□高级 □中级 □初级		
	所在单位					
	编制范围					
方案主要编制人员	姓名		职称	□高级 □中级 □初级		
	所在单位					
	编制范围					
方案审核人	姓名		性别	□男 □女	出生年月	
	职称	□高级 □中级				
	所在单位					

续表

主要目标（200字以内）	
技术路线概述（300字以内）	
方案计划进度	年　　月至　　年　　月
方案经费预算及来源	预算总经费：　　万元 其中自筹：　　万元，地方财政拨款　　万元，申请国家拨款：　　万元
风险评估	
备注	

馆藏纸质文物保护修复历史资料调查情况表

登录号		名称	
原保护修复起止时间			
保护修复情况概述	技术方法		
	主要材料		
	设计人员		
	操作人员		
保护修复效果			

馆藏纸质文物基本信息与文物价值表

登录号		名称	
年代		类别	
等级		质地	
尺寸（cm）		质量（g）	
收藏单位		入藏时间	
来源			
文物价值描述			

类别类型：书法绘画、古籍善本、碑刻拓片、邮品、档案文书、文件宣传品。

文件价值描述：从历史、艺术、科学等角度说明该文物的文物价值；说明该文物在其收藏单位所收藏文物中的地位及在本地区文物研究中的作用。

馆藏纸质文物病害状况调查表

登录号		名称	
现状描述（附现状照片）			
病害描述（附病害图）			
病害类型	纸张病害	水渍	□无 □少量 □大量
		污渍	□无 □少量 □大量
		皱褶	□无 □少量 □大量
		折痕	□无 □少量 □大量
		变形	□无 □少量 □大量
		断裂	□无 □少量 □大量
		残缺	□无 □少量 □大量
		烟熏	□无 □少量 □大量
		炭化	□无 □少量 □大量
		变色	□无 □少量 □大量
		粘连	□无 □少量 □大量
		微生物损害	□无 □少量 □大量
		动物损害	□无 □少量 □大量
		糟朽	□无 □少量 □大量
		絮化	□无 □少量 □大量
		锈蚀	□无 □少量 □大量
		断线	□无 □少量 □大量
		书脊开裂	□无 □少量 □大量
病害类型	写印色料病害	脱落	□无 □少量 □大量
		晕色	□无 □少量 □大量
		褪色	□无 □少量 □大量
		字迹扩散	□无 □少量 □大量
		字迹模糊	□无 □少量 □大量
		字迹残缺	□无 □少量 □大量
病害的综合评估		□基本完好 □微损 □中度 □重度 □濒危	

基本完好：文物基本无腐蚀。微损：文物的腐蚀在10%以下。中度：文物的腐蚀在10%以上，50%以下。重度：文物的腐蚀在50%以上，80%以下。濒危：文物的腐蚀在80%以上。

病害修复情况登录表

病害状况	
病害现状（图片）	
修复后状况（图片）	
病害图	

修复记录、总结及自评、验收意见表

<table>
<tr><td colspan="4">综述（材料、工艺步骤及操作条件，附影像资料）：</td></tr>
<tr><td>技术变更</td><td colspan="3"></td></tr>
<tr><td>项目负责人</td><td></td><td>保护修复人</td><td></td></tr>
<tr><td>完成日期</td><td></td><td>审核</td><td></td></tr>
<tr><td colspan="4">保护修复日志</td></tr>
<tr><td>日期</td><td colspan="3">文物保护修复主要过程</td></tr>
<tr><td></td><td colspan="3"></td></tr>
<tr><td></td><td colspan="3"></td></tr>
<tr><td></td><td colspan="3"></td></tr>
<tr><td></td><td colspan="3"></td></tr>
<tr><td></td><td colspan="3"></td></tr>
<tr><td></td><td colspan="3"></td></tr>
<tr><td colspan="4">自评意见（300 字左右）：</td></tr>
<tr><td colspan="4">验收意见：</td></tr>
</table>

馆藏纸质文物分析检测情况表

<table>
<tr><td>登录号</td><td colspan="2"></td><td>名称</td><td></td></tr>
<tr><td rowspan="5">分析检测一</td><td>取样部位</td><td colspan="3"></td></tr>
<tr><td>检测目的</td><td colspan="3"></td></tr>
<tr><td>检测单位</td><td colspan="3"></td></tr>
<tr><td>检测仪器</td><td colspan="3"></td></tr>
<tr><td>检测结果</td><td colspan="3"></td></tr>
<tr><td rowspan="5">分析检测二</td><td>取样部位</td><td colspan="3"></td></tr>
<tr><td>检测目的</td><td colspan="3"></td></tr>
<tr><td>检测单位</td><td colspan="3"></td></tr>
<tr><td>检测仪器</td><td colspan="3"></td></tr>
<tr><td>检测结果</td><td colspan="3"></td></tr>
<tr><td rowspan="5">分析检测三</td><td>取样部位</td><td colspan="3"></td></tr>
<tr><td>检测目的</td><td colspan="3"></td></tr>
<tr><td>检测单位</td><td colspan="3"></td></tr>
<tr><td>检测仪器</td><td colspan="3"></td></tr>
<tr><td>检测结果</td><td colspan="3"></td></tr>
<tr><td rowspan="5">分析检测四</td><td>取样部位</td><td colspan="3"></td></tr>
<tr><td>检测目的</td><td colspan="3"></td></tr>
<tr><td>检测单位</td><td colspan="3"></td></tr>
<tr><td>检测仪器</td><td colspan="3"></td></tr>
<tr><td>检测结果</td><td colspan="3"></td></tr>
<tr><td rowspan="5">分析检测五</td><td>取样部位</td><td colspan="3"></td></tr>
<tr><td>检测目的</td><td colspan="3"></td></tr>
<tr><td>检测单位</td><td colspan="3"></td></tr>
<tr><td>检测仪器</td><td colspan="3"></td></tr>
<tr><td>检测结果</td><td colspan="3"></td></tr>
</table>

注：分析检测项目超过 5 项时，表格可向下顺延。